家庭支援論

松井圭三 編著

はしがき

　2011（平成23）年3月11日の「東日本大震災」により、私たちはあたりまえの日常生活がいかに大切であるかを痛切に思い至ることになった。人は人なしでは生きてはいけない。今こそ人の「絆」がクローズアップされ、「絆」をいかに築いていくのかが問われている。

　しかし、現在の社会はグローバリゼーションの流れの中で、経済は低迷、働き方も「年功序列」や「終身雇用」といった日本型経営は薄れ、「パート」「アルバイト」「派遣」といった非正規雇用が中心となり、労働力の流動化は一段と進んだ。その結果、若年層では所得を得ても、貧困層が増え、結婚や出産を諦めざるをえない方も珍しくない状況である。加えて、高齢者層にも格差が生じ、家族から分離した方、貧困化した方、否応なく「孤立死」する方も増え、現在の社会問題となっている。

　このような状況の中、「家族とは何か」「家族の役割とは」「家族をめぐる問題」等を学習する「家庭支援論」をここに上梓することになった。本書は保育士を対象にした。近年、保育士養成カリキュラムが変更され、本書も「家族援助論」から「家庭支援論」へと科目名も変わり、内容も修正されたのである。修正内容は厚生労働省が示したカリキュラムに沿って、本書を作成した次第である。

　本書は情熱と使命感ある執筆者たちに健筆をいただいた。内容によっては、重複した内容もあることをお許しいただきたい。執筆者の思いを大切にした結果であり、学習するうえでは問題ないと考えている。

　最後に大学教育出版の佐藤社長、安田さんにいろいろとお手数をかけた。この場を借りて、感謝申し上げたい。

平成24年4月吉日

　　　　　　　　　　　　　　　　　　　　　　　　　　　松井　圭三

家庭支援論

目　次

はしがき ……………………………………………………………………… i

第1章　家族の意義と役割 ……………………………………………… 1

第1節　家族の意義と機能　1

1. 家族とは　1
2. 家族の歴史　2

　（1）20世紀以前の家族の変容　2
　（2）20世紀以後の家族の変容　2
　（3）わが国の戦前における家族の特徴　3
　（4）わが国の戦後における家族の特徴　3
　（5）わが国の21世紀における家族の特徴　3

3. 現代の家族状況　5

　（1）家族の形態とは　5
　（2）結婚とは　6
　（3）結婚の多様化　6
　（4）夫婦のきずなの重視　6
　（5）離婚とは　7
　（6）夫婦別姓　7

第2節　家庭支援の必要性　8

　（1）家族の危機　8
　（2）地域社会の解体　8
　（3）家族に対するサービス体系　8

第2章　家庭生活を取り巻く社会状況 ………………………………… 11

第1節　現代の家庭における人間関係　11

　（1）夫婦関係　11
　（2）親子関係　12
　（3）きょうだい関係　12
　（4）祖父母との関係　13

第2節　地域社会の変容と家庭支援　*14*
　　　第3節　男女共同参画社会とワーク・ライフ・バランス　*16*
　　　　（1）男女共同参画社会　*16*
　　　　（2）目指すべき社会政策　*17*
　　　　（3）ワーク・ライフ・バランスの具体例　*21*

第3章　子育て家庭への支援体制 …………………………………… *23*
　　　第1節　子育て家庭の福祉を図るための社会資源　*23*
　　　　（1）子どもと子育て家庭の現状　*23*
　　　　（2）少子化という現象　*28*
　　　　（3）子育て家庭支援の重要性　*32*
　　　　（4）子育て家庭に関わる諸問題　*36*
　　　第2節　子育て支援施策・次世代育成支援施策の推進　*40*
　　　　（1）少子化対策から次世代育成支援対策へ　*40*
　　　　（2）ワーク・ライフ・バランス　*50*
　　　　（3）父親の育児参加　*51*
　　　　（4）地域の子育て家庭への支援　*54*
　　　　（5）これからの多様な子育て家庭支援に向けて　*60*

第4章　多様な支援の展開と関係機関との連携 ………………… *63*
　　　第1節　子育て支援サービスの概要　*63*
　　　　（1）「次世代育成支援対策推進法」　*63*
　　　　（2）「子どもと家族を応援する日本」重点戦略　*64*
　　　　（3）子ども・子育てビジョン──子どもの笑顔があふれる社会のために──
　　　　　　　　　　　　　　　　　　　　　　　　　　　　　　　　　　65
　　　　（4）「児童福祉法」に定める事業　*66*
　　　　（5）児童福祉文化財の推薦　*75*
　　　　（6）厚生労働省予算にみる子育て支援サービス　*75*
　　　　（7）子ども手当　*77*

第 2 節　保育所入所児童の家庭への支援　79
　　　　（1）　保育所保育指針の改定　79
　　　　（2）　保育所の意義　81
　　　　（3）　保育所の職員・設備等の基準　82
　　　　（4）　保育所への入所　84
　　　　（5）　保育料　84
　　　　（6）　保育所の状況　85
　　　　（7）　保育所等に関する国家予算　87
　　　　（8）　保育対策等促進事業費補助金　89
　　　　（9）　保育の内容等の自己評価　90
　　　　（10）　認可保育所以外の保育施設　91
　　　　（11）　こども園　94
第 3 節　地域の子育て家庭への支援　96
　1．地域の子育てを支える事業　96
　2．地域子育て支援拠点事業とは　97
　　　　（1）　地域子育て支援拠点事業の概要　97
　　　　（2）　地域子育て支援拠点事業の対象　99
　　　　（3）　地域子育て支援拠点における支援　102
　3．地域子育て支援拠点の課題　108
第 4 節　要保護児童及びその家庭に対する支援　111
　　　　（1）　要保護児童と社会的養護の現状　111
　　　　（2）　児童養護施設　113
　　　　（3）　乳児院　117
　　　　（4）　里親　118
　　　　（5）　障がい児のための施設　120
　　　　（6）　児童自立支援施設　123
　　　　（7）　母子生活支援施設　124
第 5 節　子育て支援における関係機関との連携　125
　　　　（1）　子育て支援における専門機関の役割　125

　　　　　（2）子育て支援における専門職の役割　*129*
　　　　　（3）子育て支援における関係機関の連携とネットワーク　*133*
　第6節　子育て支援サービスの課題　*136*
　　　　　（1）家庭支援専門相談員（ファミリーソーシャルワーカー）の課題　*136*
　　　　　（2）子育て支援における関係機関の連携と今後の課題　*137*
　　　　　（3）障がいを抱える児童への支援事例　*137*
　　　　　（4）相談援助の方法と技術　*138*
　　　　　（5）児童虐待防止に向けた連携　*141*
　　　　　（6）発達障害児の支援に向けた連携　*143*
　　　　　（7）不登校児童の支援に向けた連携　*143*

第5章　障がいを持つ子どもがいる家庭への支援 …………………… *146*
　第1節　障がいを持つ子どもの子育てと家族　*146*
　　　　　（1）障がいをどう捉えるか　*146*
　　　　　（2）子育てをめぐる課題とその背景　*147*
　　　　　（3）障がいを持つ子どもにとっての「家族」　*151*
　第2節　障がいを持つ子どもの親への支援　*152*
　　　　　（1）親を取り巻く状況とその心理　*152*
　　　　　（2）親への支援の視点　*155*
　第3節　障がいを持つ子どものきょうだいへの支援　*159*
　　　　　（1）きょうだい児を取り巻く状況とその心理　*159*
　　　　　（2）きょうだい児への支援の視点　*161*

執筆者紹介 ……………………………………………………………… *165*

第1章

家族の意義と役割

第1節　家族の意義と機能

1. 家族とは

　家族とは何か？　みなさんは考えたことはあるだろうか。父や母、兄弟、姉妹、祖父、祖母を思い浮かべたかもしれない。あまりに身近すぎて、家族は普段意識しない存在である。

　では、私たちは一体、何のために家族を形成しているのか？　ここでは有名な人類学者フォックス（Fox, R）の家族論を紹介する。フォックスは家族の役割を分かりやすく説明している。①女性が子どもを生む（生殖）。②子どもを生むために異性のパートナーを必要とする。③生まれる子どもは、一定期間誰かによって保護されることが必要である[1]。

　このように家族は②にあるように婚姻によって成立し、③にある子どもの養育、社会化が目的であることが理解できよう。社会を構成する人を新たに再生産することが基本的に家族の機能ということができる。

2. 家族の歴史

（1） 20世紀以前の家族の変容

　家族の歴史を振り返ってみると、イギリスの18世紀の後半に起きた「産業革命」が、家族の変容に大きな影響を及ぼした。「石炭」を動力とする機械制工業が発展し、「資本家」と「労働者」が現れ、社会的分業が一段と進んだ。家族も、これまでの農業中心の時の「大家族」から「小さな家族」に変化し、今日の家族の中心である「夫婦家族」「核家族」が登場する。これらの家族を「近代家族」と呼んでいる。この家族の特徴は次のとおりである。①家族は互いに愛情で結ばれている。②夫婦と子どもの集団境界が明確に強化されている。③家族内の子どもの存在に注意が向けられる。④「夫は仕事、妻は家庭」の役割分担を前提とする[2]。

　これ以外に家族には、もう1つの大きな特徴があり、「家庭」という機能を果たしている。資本主義の発展により、職住が分離し、「男女役割分業」により、母親が子どもの養育を担い、「家庭」が夫婦、親子の人間関係を構築し、「子育て機能」「教育機能」や「娯楽」等も家庭で果たしており、わが国では1960年代の高度経済成長時の家族のモデルと類似している。

（2） 20世紀以後の家族の変容

　1920年代にバージェス（Burges, E. W.）とロック（Locke, H. J）は「友愛家族」のモデルを提起した。このモデルは、夫婦の愛情に基づいて、家族成員が精神的に豊かに暮らすことを特徴とする。今日の家族の先駆けである。

　わが国も1960年代から「産業化」「工業化」が進み、「都市化」も形成されるこの時期、「男女の役割分業」が顕著に現れてくる。つまり、サラリーマンとして夫は会社等で働き、妻は家事や育児をする現象、「専業主婦」が登場する。

　これまでの説明は、おもに欧米を中心した家族変容を概観したが、わが国の場合はどうか。次の節で説明する。

（3） わが国の戦前における家族の特徴

　この時代の家族の特徴は、なんといっても「家族制度」である。この制度は、「明治憲法」と「戸籍法」に規定されている。戸籍によって、家の内容、家父長を「戸主」とし、家族の権限を「戸主」に付与し、家族を統率する役割を果たしていた。「戸主」の権限は絶大であり、妻や子どもは「戸主」に隷属し、今日のような家族に自由な雰囲気や個人主義の価値観はまったく見られなかったのである。

（4） わが国の戦後における家族の特徴

　戦後においてわが国は「天皇制国家」から「民主主義社会」へ転換した。これまでの「家制度」が法的に改められるようになった。1946（昭和21）年に制定された「日本国憲法」により、「男女平等」が規定され、両性の合意に基づいた「婚姻制度」が設けられるようになった。同時に、1948（昭和23）年新しい「民法」が制定され、「家制度」が廃止されたのである。

　さらに、「女性の権利」も拡充され、「教育の機会均等」や労働における「男女平等」「女子保護規定」が設けられた。

　また、1960年代の高度経済成長により、「工業化」「産業化」が進められ、多くの雇用者を輩出することになると夫婦と未婚の子からなる「核家族」が激増し、「男は仕事、女は家庭」という男女役割分業が進み、家族の扶養能力、家族の中で生活問題に対応する力が弱くなり、家族問題に対する公的支援が必要となった。

（5） わが国の21世紀における家族の特徴

　1990年代からわが国は、「少子高齢化」が顕著に進展している。2010（平成22）年の合計特殊出生率は1.37人である。高齢化率は23％を超え、わが国は「超高齢社会」に突入している。

　それから、今日の世帯状況を見ると、2009（平成21）年度の全世帯数は4,801万3,000世帯である。そのうち、戦前の家族の中心であった「直系家族」は、1980（昭和55）年では全体の16.2％を占めていた。その後、減りつづけ、

	総数(千世帯)	単独世帯	核家族世帯	夫婦のみの世帯	夫婦と未婚の子のみの世帯	ひとり親と未婚の子のみの世帯	三世代世帯	その他の世帯	平均世帯人員
	構成割合 (%)								(人)
昭和55年('80)	35,338	18.1	60.3	13.1	43.1	4.2	16.2	5.4	3.28
60 ('85)	37,226	18.4	61.1	14.6	41.9	4.6	15.2	5.3	3.22
平成 2 ('90)	40,273	21.0	60.0	16.6	38.2	5.1	13.5	5.6	3.05
7 ('95)	40,770	22.6	58.9	18.4	35.3	5.2	12.5	6.1	2.91
12 (2000)	45,545	24.1	59.1	20.7	32.8	5.7	10.6	6.1	2.76
17 ('05)	47,043	24.6	59.3	21.9	31.1	6.3	9.7	6.4	2.68
21 ('09)	48,013	24.9	60.0	22.3	31.0	6.7	8.4	6.7	2.62

注 ： 平成7年の数値は兵庫県を除いたものである。
資料：昭和60年以前は厚生省「厚生行政基礎調査」、平成2年以降は厚生労働省「国民生活基礎調査」

図1-1 世帯構造別にみた世帯数の年次推移

	総数(千世帯)	全世帯に占める割合(%)	単独世帯	夫婦のみの世帯	親と未婚の子のみの世帯	三世代世帯	その他の世帯	65歳以上の者のみの世帯(再掲)
		構成割合 (%)						
昭和55年('80)	8,495	(24.0)	10.7	16.2	10.5	50.1	12.5	19.5
平成 2 ('90)	10,816	(26.9)	14.9	21.4	11.8	39.5	12.4	28.6
7 ('95)	12,695	(31.1)	17.3	24.2	12.9	33.3	12.2	34.4
12 (2000)	15,647	(34.4)	19.7	27.1	14.5	26.5	12.3	39.9
17 ('05)	18,532	(39.4)	22.0	29.2	16.2	21.3	11.3	45.0
21 ('09)	20,125	(41.9)	23.0	29.8	18.5	17.5	11.2	47.7

注 ： 平成7年の数値は兵庫県を除いたものである。
資料：昭和60年以前は厚生省「厚生行政基礎調査」、平成2年以降は厚生労働省「国民生活基礎調査」

図1-2 世帯構造別にみた65歳以上の者のいる世帯数の年次推移

2009（平成 21）年には 8.4%であり、半減している。

　一方、広義の「核家族」は、1980（昭和 55）年には 60.3%である。2009（平成 21）年には 60%であり、大きな変化は見られない。ただ夫婦のみの世帯が増えており、1980（昭和 55）年 13.1%であったが、その後じわじわ増えており、2009（平成 21）年には 22.3%である。この背景として、子育てが終わったあとの中高年の夫婦が増えていることを示しており、現在問題になっている「老々介護」等の要因の一つとして考えられる。また従来の夫婦と未婚の子のみの世帯は、1980（昭和 55）年には 43.1%であったが、その後減りつづけ、2009（平成 21）年には 31%となっている。さらに特徴的なのは、「1人世帯」が増えている。2009（平成 21）年、6.7%である。特に 65 歳以上の者がいる世帯をみると全世帯数に占める割合は、同年 42%であり、これからもこの割合は増えていくことが考えられる。そして、高齢者の単独世帯は、65 歳以上の者がいる世帯割合の中で、23%であり、高齢者の「孤立化」がこの数値から読み取ることができる。このことは、高齢者の生活支援が急務であることを示唆している。

　次に、一世帯あたりの世帯実員も減っており、1980（昭和 55）年 3.8 人であったが、2009（平成 21）年には、2.62 人、家族の縮小化が進んでおり、家族機能が損なわれていることを改めて読み取ることができる。

　このように 21 世紀に入ると、「家族」「世帯」は大きく変化し、「少子高齢化」により、新しい家族状況になっており、これからも変化していくものと考えられる。図 1-1、図 1-2 を参照

3. 現代の家族状況

(1) 家族の形態とは

　現代家族はおもに 3 つの家族に分類できる。①「核家族」、②「拡大家族」、③「修正家族」がある。①は、夫婦のみ、又は未婚の子からなる家族である。②は、いわゆる三世代同居家族である、祖父母、父母、子どもからなる家族である。③子どもたちが家庭を持っても、父母の家庭に近いところに住み、お互

いに交流する家庭である。「スープの冷めない距離」という言葉で表現できる家族を指す。

(2) 結婚とは
　私たちは男女の間で生まれている。一般的には「男性」「女性」として生まれてくる。そして、私たちは一般的には、思春期には異性に興味や関心を持ち、青春期以降、配偶者を求めて「デート」を楽しみ、配偶者の選択を行う。
　このデートは結婚においては、自分の将来の配偶者がどのような人がいるのか？　相手に対して相性や考え方、価値観等を吟味する役割を果たしている。これを「デートの機能」という。
　ここで説明しているのは、一夫一婦制であり、社会の状況により、国によって一夫多妻、一妻多夫等の婚姻制度があるが、どのような婚姻の形をとっても、1人の男性、1人の女性から子どもが生まれ、家族を形成する。国は制度として、婚姻制度を設けて、子どもを保護、子育てすることを第一義に支援している。

(3) 結婚の多様化
　結婚は、「婚姻届」を市町村に提出することによって、法的な位置付けがなされるが、法的な手続きをしない「同棲」や「事実婚」もわが国では増えている。欧米では全体の30〜40%は「事実婚」が占めており、珍しくはない。

(4) 夫婦のきずなの重視
　結婚が家から個人単位で形成されることにより、夫婦の核になるものは「夫婦間の愛情、きずな」である。その背景として、戦前の「見合い結婚」はうすれ、「恋愛結婚」が多くなり、結婚はますますプライベートな出来事になっている。もちろん現在も「見合い結婚」や結婚相談所による結婚もあるが、両者の愛情が結婚では重視されており、戦前に許婚等はほとんど存在しない。

(5) 離婚とは

　離婚とは、婚姻という法契約の解消をいう。実質的に婚姻関係が破綻しても、この手続きがなされなければ離婚したことにはならない。
　しかし、先述した実質的に婚姻関係が破綻した場合は、社会学的には「潜在離婚」という。また、別居という形態があるが、夫婦の合意によって夫婦関係がない場合も「潜在的離婚」と言える。
　さて、離婚にはどのような考え方があるか、3つの考え方を紹介する。1つは「有責主義」である。両性のどちらかに婚姻継続することに大きな原因がある場合、例えば不倫や給与等を家庭に入れない理由が男性にあった場合、その男性からは離婚請求できないという考え方である。もう1つは「救済主義」がある。現実に婚姻が継続できない場合、両性の将来を考えて離婚を認める考え方である。最後の1つは「破綻主義」である。婚姻、離婚が個人の自由な意志でなりたつ考え方であり、離婚するのは個人の自己決定に委ねる考え方である。
　わが国では、「事実婚」の場合、夫婦間の相続、税制等で不利益があり、社会的には不平等が多い。しかし、欧米ではほとんど、これらの問題は生じていない。

(6) 夫婦別姓

　1986（昭和61）年に「男女雇用機会均等法」が制定され、労働における男女平等が進んだ。男性も女性も社会参加し、子育ても両者が担う「男女共同参画」の価値観も進行したのが1990年代以降である。しかし、婚姻における「夫婦別姓」は認められず、「民法」の改正が急務となっている。家制度の残滓がまだあり、婚姻後は女性は男性の姓を名乗るものが多い。今だに「ジェンダー」（社会や文化、歴史が性のあり方を一方的に決めること）の課題が存在している。

第2節　家庭支援の必要性

(1)　家族の危機

　これまでも述べたように、家族が変化し、「核家族」「単独世帯」が増えている状況の中で、家族の規模、成員数も縮小、減少している。家族ができたと思えばまた崩壊する現状が続いている現在、家族の危機と言わざるをえない。家族問題を緩和するため家族の支援は外部の社会資源を導入しなければならない時代である。

(2)　地域社会の解体

　これまでのわが国では、地域社会の結びつきが強く、地域住民の絆は深く、何か困ったことがあれば助け合う互助の地域社会があった。しかし、1960年代の「高度経済成長」により、「産業化」「工業化」が進展し、人々は仕事を求めて都会へ流出する「過密化」が起こる。同時に地方では人口減少が起き、高齢化が進んだ。
　このような状況では、家庭で何かがあったとしても、個人の問題として処理するしかなく、地域社会の互助は弱くなったのである。
　また働く労働者も「正社員」からパート、アルバイト、派遣等の「非正社員」が増え、労働者の流動化が始まった。これにより、国民生活は困窮し、特に女性の「非正社員雇用」が多い現状では、家族に対しての新たな公的な支援が必要である。

(3)　家族に対するサービス体系

　この節では、保育士が最低限抑えるべきおもな家族、子どもに対してのおもなサービスを紹介する。
　① 保育サービス
　一般的に保育に欠ける状態、例えば保護者等が日中就労している場合、子どもは保育所等に入所し、サービスを受けることができる。保育所には「認可保

育所」と「無認可保育所」があり、前者は経営主体が公立や福祉法人である。後者は民間企業等が経営している。一般的には保育所は11時間の開所を基本としている「通常保育」と「特別保育」に区分することができる。「特別保育」は、「延長保育」「夜間保育」がある。また保護者等が何らかの事情があり、一時的に預ける「一時保育」、また「病児病後児保育」がある。

その他には一般家庭で保育士等の資格を持つ地域住民が保育する「家庭保育（保育ママ）」制度も機能している。

② 子育て支援センター

おもに保育所等に委託している「子育て支援センター」が創設されている。地域に園庭を開放し、地域の保護者等の子育てについて相談に乗る業務がある。保育所入所以外の保護者、子どもの支援にあたっている。ケースによっては、同センターから「福祉事務所」「児童相談所」等の関係機関へ連絡調整をしている。

③ ファミリーサポートセンター

同センターは市町村の事業として行われている。地域住民同士が助け合う互助のシステムである。サービスを受けたい者は同センターに申し込み、サービスを受けた時、決められた料金を負担する。サービスを提供する者はあらかじめ同センターへ登録しておき、必要があるときに派遣し、サービスを提供する。基本的には有償ボランティアである。例えば、保護者等がなんらかの理由で保育サービスを必要とした時、気楽に利用できる制度であり、保育を補完するサービスと言えよう。

④ 家庭支援センター

このセンターも子どもの生活問題に対応しており、原則乳幼児以外の子どもを対象に専門的助言、支援を行っている。ケースによっては「福祉事務所」「児童相談所」「保健所」「医療機関」等へ連絡調整を行っている。

⑤ 一時預かり事業

保護者等の失業や経済的理由等なんらかの理由により、子どもの養育が困難になった時に「児童養護施設」等に一時的の子どもを預かる事業である。

⑥　夜間養護等（トワイライト事業）

　保護者等が就労等により、帰宅時間が夜間になった場合、また休日等も就労等のために子どもの養育が困難になった時に「児童養護施設」等に子どもを預かる事業である。

⑦　乳児家庭全戸訪問事業（こんにちは赤ちゃん事業）

　生後4か月までの乳児のいる保護者等宅に「保健師」や「保育士」等が訪問し、保護者等の子育て等についての相談、情報提供をしている。

⑧　養護支援訪問事業

　特に保護者において子育てに困難なケースが発生した時、「保健師」「助産師」「保育士」等が保護者等宅を訪問し、専門的支援を提供している。また必要によっては、関係機関に連絡調整をしており、ニーズのある保護者等に対してのみ、この事業が実施されている。

⑨　小規模住宅型児童養育事業

　保護者等がいない子どもや保護者等が養育することが困難なときに一般家庭に子どもを預かる事業であり、「ファミリーホーム」と呼ばれている。この事業は「里親制度」を発展させたものである。

引用文献

1）網野武彦編著『家族援助論』建帛社　2007年　p.7.
2）同掲書　p.5.

参考文献

網野武彦編著『家族援助論』建帛社　2007年
柏女霊峰等編著『家族援助論』ミネルヴァ書房　2005年
土谷みち子著『家族援助論』青踏社　2008年
阿部知子著『保育者のための家族援助論』萌文社　2005年
森岡清美他著『新しい家族社会学』培風館　2002年
林道義著『家族の復権』中公新書　2002年

第2章

家庭生活を取り巻く社会状況

　近年における家庭生活では、地域とのつながりが減少し、相互扶助の機会を失いかけている。ものに恵まれた生活を行うことができるが、人との関わりの減少という状況をつくることとなる。ここでは、現代の家庭における人間関係、地域社会の変容と家庭支援、仕事と家庭との関係について述べることとする。

第1節　現代の家庭における人間関係

（1）夫婦関係

　日本国憲法第24条では、「家族生活における個人の尊厳と両性の平等」についてあらわされている。そのなかの①は、「婚姻は、両性の合意のみに基づいて成立し、夫婦が同等の権利を有することを基本として、相互の協力により、維持されなければならない」である。②は、「配偶者の選択、財産権、相続、住居の選定、離婚並びに婚姻及び家族に関するその他の事項に関しては、法律は、個人の尊厳と両性の本質的平等に立脚して、制定されなければならない」である。これにより、結婚は、それぞれのお互いの意思に基づいてなされるものであることがわかる。

　結婚をすると、子どもとして育ってきた家族（定位家族）から、親として子どもを育てる生殖家族となっていく。近年は、夫婦と子どもという核家族が多い。よって、家族は、夫婦関係に左右されることが多くなる。夫婦関係がうま

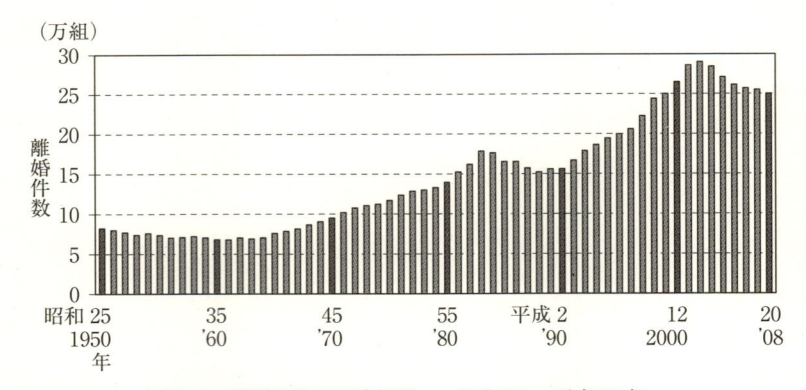

図2-1　離婚件数の年次推移　—昭和25～平成20年—
出典：厚生労働省大臣官房統計情報部人口動態・保健統計課「平成21年度『離婚に関する統計』の概況」厚生労働省、2009年
http://www.mhlw.go.jptoukei/saikin/hw/jinkou/tokusyu/riindex.html

くいかなくなったとき、家族生活は維持できなくなる。1950（昭和25）年から2008（平成20）年までの離婚率は（図2-1）のとおりである。
　離婚が増えるとひとり親家庭・再婚家庭が増える。経済的問題を抱えることもある。ひとり親家庭への支援について考える必要がある。また、子どもを産まない、経済状況から産むことができない夫婦もある。子どもを産み育てる状況について問われるところである。

（2）親子関係
　核家族における親子関係は、父・母・子、父・子、母・子の関係にある。ここには、祖父母や地域社会における人びとの目が入りにくい。そこには、虐待が生じる危険性がある。2002（平成14）年度から2010（平成22）年度までにおける児童虐待相談対応件数は（表2-1）のとおりである。親子関係のあり方について支援するための体制の充実が必要である。

（3）きょうだい関係
　少子化の進行により、きょうだいの数が減少した。弟妹の誕生は、兄や姉にとって親の関心が分散されるので、ストレスを感じる。弟妹は、兄姉に乱暴

表2-1　児童相談所における児童虐待相談対応件数

年度	2002	2003	2004	2005	2006	2007	2008	2009	2010
件数	23,738	26,569	33,408	34,472	37,323	40,639	42,664	44,211	55,154
対前年比	102.0%	111.9%	125.7%	103.2%	108.3%	108.9%	105.0%	103.6%	124.8%

出典：「児童相談所における児童虐待相談対応件数」2009年
　　　http://www.crc-japan.net/contents/notice/pdf/h21_sokuhou.pdf#search='児童相談所虐待対応件数'
　　　厚生労働省「平成22年度福祉行政報告例の概況」2011年

に扱われ、脅威に感じることがある。また、親や教師から比較されることもある。きょうだいは、互いにストレスを与え合う横の関係にある。このストレスが、社会における人間関係を築きあげるための土台である。

しかし、ひとりっ子の場合は、親の愛情が集中するが、横の関係は経験できない。多くの子どもたちと関わることのできるような体制をつくることが必要である。

(4) 祖父母との関係

祖父母と同居する家族は減少している。しかし、その存在は、子どもを客観的にみることができる。子育て経験者として親に対する支援ができる。

(1)〜(4) より次のことがいえる。現在の家族の多くは核家族である。生活において支援が必要なときに、親族に支援を求めることもあるが、その家族もまた核家族である。また、地域における人間関係が希薄である。よって、近所に手助けを求めることは難しい。

家庭が円滑に機能していないと課題が生じる。潜在的ストレスである。家庭がこのようなストレス状況に陥った場合、社会的支援が必要になる。

第2節　地域社会の変容と家庭支援

　わが国の戦前と戦後における産業構造は、多大な変化を遂げた。それにより、1つの地域社会のみで共同生活がなされることは、少なくなっている。人びとの多くは、居住地での生活時間が短く、職場や学校等の場所で過ごす時間が長くなっている。

　また、大都市への人口の集中、工業の発展による公害の出現、農山村部における人口過疎と高齢化という問題が生じてきた。それまで、地域生活において必要なことは、地域で行ってきたが、地域の機能が解体していくにつれ、生活に必要なことを整備する必要が生じた。電気・ガス・水道をはじめ、公共交通機関、通信、教育機関、社会福祉機関・施設、医療機関をはじめとする地域生

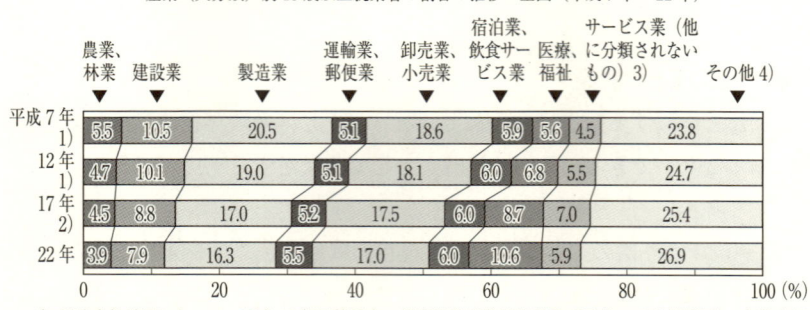

産業（大分類）別15歳以上就業者の割合の推移−全国（平成7年〜22年）

	農業、林業	建設業	製造業	運輸業、郵便業	卸売業、小売業	宿泊業、飲食サービス業	医療、福祉	サービス業（他に分類されないもの）3)	その他 4)
平成7年 1)	5.5	10.5	20.5	5.1	18.5	5.9	5.6	4.5	23.8
12年 1)	4.7	10.1	19.0	5.1	18.1	6.0	6.8	5.5	24.7
17年 2)	4.5	8.8	17.0	5.2	17.5	6.0	8.7	7.0	25.4
22年	3.9	7.9	16.3	5.5	17.0	6.0	10.6	5.9	26.9

1) 総務省統計局において、平成17年国勢調査　新産業分類特別集計及び平成12年国勢調査　産業分類特別集計のデータを用いて、新旧分類間の分割比率を算出して推計した。
2) 平成17年国勢調査　新産業分類特別集計結果による。
3) 平成7〜17年では、「労働者派遣事業所の派遣社員」（平成22年は155万人）は、産業大分類「サービス業（他に分類されないもの）」下の産業小分類「労働者派遣業」に分類されていたが、22年は派遣先の産業に分類していることから、時系列比較には注意を要する。
4) 「その他」に含まれるのは、「漁業」「鉱業、採石業、砂利採取業」「電気・ガス・熱供給・水道業」「情報通信業」「金融業、保険業」「不動産業、物品賃貸業」「学術研究、専門・技術サービス業」「生活関連サービス業、娯楽業」「教育、学習支援業」「複合サービス事業」「公務（他に分類されるものを除く）」及び「分類不能の産業」である。

図2-2　産業の変遷
出典：総務省統計局・政策統括官・統計研修所「平成22年国勢調査」2011年
　　　http://www.stat.go.jp

活における社会資源の整備である。藤松（2006, 24）が述べるように、「社会的共同消費手段」の整備であり、生活の「公共化」「市場化」「商品化」「共同化」という生活の「社会化」である。家族を取り巻く地域社会は解体した。近代以前の地域社会は、地域共同体の中に大家族があった。子育ては、親ひとりのみの負担ではなかった。慶弔時等は、近所の家で子どもを預かってもらうこともできた。

しかし、第二次・第三次産業が発展した。現状における産業構造の変遷は（図2-2）のとおりである。それにより、大都市に人びとが流入し、新しい地域を形成することとなる。

その地域は、核家族が主であり、見知らぬもの同士が暮らす場所である。1970年代における第二次ベビーブーム期には、新たな地域をすぐにつくるこ

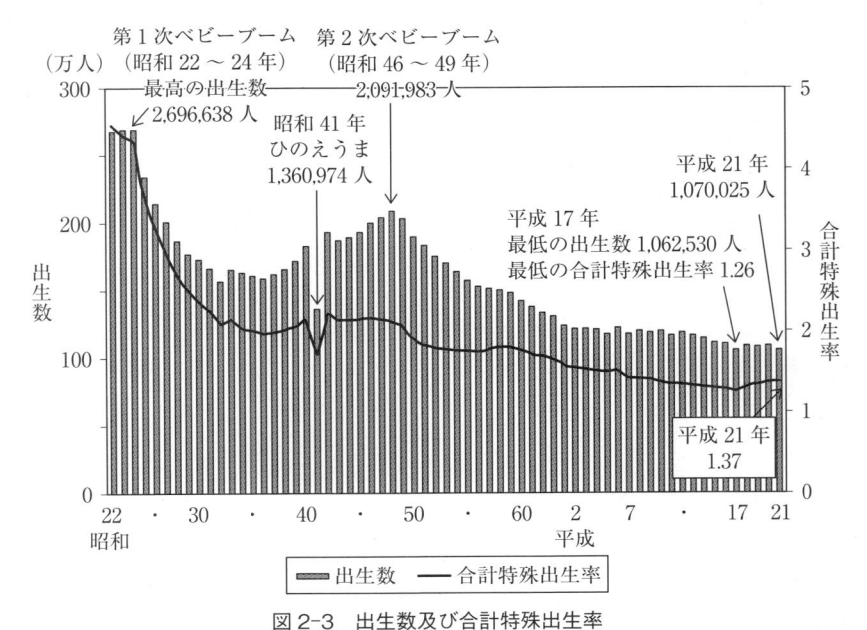

図2-3　出生数及び合計特殊出生率
出典：大臣官房統計情報部人口動態・保健統計課「平成21年人口動態統計月報年計（概数）の概況」厚生労働省　2010年
http://www.mhlw.go.jp/toukei/saikin/hw/jinkou/geppo/nengai09/index.html

とができた。出生数及び合計特殊出生率は（図2-3）のとおりである。

　1989（平成元）年には、1966（昭和41）年における「ひのえうま」を割り込み、少子化問題がクローズアップされるようになってきた。それにより、子育て家庭同士の交流が難しくなった。地域社会における子育て支援機能が希薄化する。

第3節　男女共同参画社会とワーク・ライフ・バランス

（1）男女共同参画社会

　「男女共同参画社会基本法」は、1999（平成11）年6月23日に制定された。第1条ではその目的について次のように述べられている。

> 　この法律は、男女の人権が尊重され、かつ、社会経済情勢の変化に対応できる豊かで活力ある社会を実現することの緊要性にかんがみ、男女共同参画社会の形成に関し、基本理念を定め、並びに国、地方公共団体及び国民の責務を明らかにするとともに、男女共同参画社会の形成の促進に関する施策の基本となる事項を定めることにより、男女共同参画社会の形成を総合的かつ計画的に推進することを目的とする。

　そして、第3条では男女の人権の尊重について次のように述べられている。

> 　男女共同参画社会の形成は、男女の個人としての尊厳が重んぜられること、男女が性別による差別的扱いを受けないこと、男女が個人として能力を発揮する機会が確保されることその他の男女の人権が尊重されることを旨として、行われなければならない。

　男女が社会活動に参加するには、仕事と家庭生活の両立が必要である。「男女共同参画社会基本法」は、そのことを掲げている。現在社会は、少子化、高齢化の状況にある。男女が安心して子どもを育てることができるような社会をつくっていく必要がある。子育て家庭を支援するために、2010（平成22）年1月に、子ども・子育てビジョンが閣議決定された。子ども・子育て応援プランに次ぐ計画である。子どもと子育て支援を応援する社会を目指すことを目標

表 2-2　子育てについての考え方と姿勢

基本的な考え方	1. 社会全体で子育てを支える	子どもを大切にする
		ライフサイクル全体を通じて社会的に支える
		地域のネットワークで支える
	2.「希望」がかなえられる	生活、仕事、子育てを総合的に支える
		格差や貧困を解消する
		持続可能で活力ある経済社会が実現する
大切な姿勢	1. 生命（いのち）と育ちを大切にする	妊娠・出産の安心・安全と子どもの健康を守るための環境整備や支援を進める
		子ども手当の創設や高校の実質無償化などにより、すべての子どもの健やかな育ちと教育の機会を確保する
	2. 困っている声に応える	保育所に入れない子どもたちや放課後の居場所のない子どもたちを抱える子育て家庭に、十分なサービスが提供されるよう環境整備を進める
		一人ひとりの子どもの置かれた状況の多様性を社会的に尊重し、ひとり親家庭の子どもや障がいのある子どもなど、特に支援が必要な方々が安心して暮らせるように支援するとともに、子どもの貧困や格差の拡大を防ぐ
	3. 生活（くらし）を支える	子どもや若者が円滑に社会生活に移行できるようにする
		仕事と生活の調和（ワーク・ライフ・バランス）を推進し、いわゆる「M字カーブ」の解消など、女性が出産や子育てのために仕事を辞めなくてもよいように、また、出産や子育て後に円滑に仕事に復帰できる社会が実現するよう、働き方の改革や職場環境の改善を進める

出典：「子ども・子育てビジョン～子どもの笑顔があふれる社会のために～」に基づいて作成
保育福祉小六法編集委員会編『保育福祉小六法 2011 年版』みらい　2011 年　pp.205-206.

にすえた。社会全体で子育てを支えること、暮らし、働き方、子育てについての環境が充実するために希望が叶えられることを基本理念決定されたものである。その内容は、（表 2-2）のとおりである。

（2）目指すべき社会政策

「子ども・子育てビジョン」におけるこれからの社会が目指す政策は 4 つある。また、その中に 12 の主要施策が含められている。

第 1 の政策は、子どもの成長を支えるとともに若者が安心して暮らすこと

のできる社会を目指すということである。

　そこには、3つの主要施策が含まれる。まず、子どもを社会で支えることと教育を受ける機会を確保することである。具体的には、子ども手当の創設、高校の無償化、奨学金の充実である。次に、若者の就労支援を行うことである。第3に、社会生活において必要なことを学ぶ機会を整えることである。

　第2の政策は、女性が、妊娠・出産・子育ての希望が実現できる社会を目指すということである。

　そこには、5つの主要施策が含まれる。まず、安心して妊娠・出産ができるようにすることである。具体的には、早期に妊娠届出の推奨、妊婦健診の公費負担などである。次に、希望する幼児教育と保育サービスを受けられるようにすることである。相談支援体制の整備、保育所待機児童の解消、幼保一体化、放課後子どもプランの推進、放課後児童クラブの充実を図ることである。第3に、子どもの健康と安全を保障するということである。第4に、ひとり親家庭が困らないように児童扶養手当の父子家庭への支給、生活保護の母子加算等を行うことである。第5に、障がいのある子どもへのライフステージに応じた支援の強化、児童虐待の防止や家庭的養護の推進である。

　第3の政策は、多様なネットワークを構築して、地域社会における社会資源の充実が図られる社会を目指すということである。

　そこには、2つの主要施策が含まれる。まず、地域子育て拠点の充実を図ることである。具体的には、乳児家庭全戸訪問事業、地域子育て支援拠点の設置促進、ファミリー・サポート・センターの普及促進、NPO法人等の地域子育て活動の支援である。次に、子どもが暮らしやすい住まいを保障することである。家族向け賃貸住宅の供給促進、子育てバリアフリーの推進や交通安全等の推進である。

　第4の政策は、男性も女性も仕事と生活が調和する社会へ（ワーク・ライフ・バランスの実現）である。

　そこには、2つの主要施策が含まれる。「働き方の見直し」と「仕事と家庭の両立ができる職場環境の実現」である。具体的には仕事と生活の調和、長時間労働の抑制と年次有給休暇の取得促進、男性の育児休業の取得推進、育児休

第2章　家庭生活を取り巻く社会状況　19

表2-3　地方公共団体におけるワーク・ライフ・バランスの取り組み事例

都道府県等	取り組み名	
仕事と生活の調和の実現に向けた社会基盤づくり		
秋田県	ワーク・ライフ・バランス推進事業	理解の浸透・推進力強化のための枠組みをつくる
山梨県	企業における男女共同参画促進事業	
愛知県	あいち子育て支援・働き方の見直し推進協議会の設置	
千葉県（柏市）	働く男女（ひと）と家庭にやさしい企業の表彰	
石川県	ワーク・ライフ・バランス企業登録・表彰制度	
福岡市（久留米市）	雇用優良事業所表彰（仕事と家庭の両立支援モデル事業所）	
千葉市	男女共同参画推進優良事業者表彰	
横浜市	「よこはまグッドバランス賞」～働きやすく子育てしやすい企業～	
広島市	広島市男女共同参画推進事業所顕彰事業	
青森県	育児・介護休業者生活安定資金融資制度	
茨城県	育児・介護休業者生活資金貸付事業	
山形県	男女いきいき・子育て応援宣言企業総合支援事業	
東京都（新宿区）	ワーク・ライフ・バランス推進企業認定	
静岡県	「男女共同参画社会づくり宣言」推進事業	
鳥取県	鳥取県男女共同参画推進企業認定事業	企業・組織の取り組みを社会全体で後押しする
茨城県	男女が働きやすい職場づくり支援事業	
東京都（千代田区）	1. 中小企業従業員仕事と育児支援助成 2. 育児・介護休業者職場復帰支援	
青森県	仕事と家庭の両立のための職場環境づくり推進事業	
石川県	条例による中小企業の行動計画の策定義務化と公表の努力義務化	
山口県	企業等家庭教育出前講座	
茨城県	男女が働きやすい環境づくり啓発事業	
埼玉県	ワーク・ライフ・バランス（仕事と家庭生活の調和）企業事例集	
東京都品川区	中小企業ワーク・ライフ・バランス支援事業	
福岡県（久留米市）	広報啓発事業	
札幌市	ワーク・ライフ・バランスに関する啓発・情報提供	
大阪市	企業向け情報誌「きらめき便利帳」配布事業	
山形県	山形県家庭教育推進事業、事業所等への家庭教育出前講座	

茨城県	事業所等における男女共同参画・ワーク・ライフ・バランスの推進	
栃木県	男女共同参画トップセミナー	
新潟県（上越市）	男女共同参画推進センター講座	
三重県（亀山市）	企業懇談会	
札幌市	企業における仕事と家庭の両立支援策に関する調査の実施	
群馬市	事業所における「男女共同参画推進員」の設置促進及び男女共同参画の普及啓発	
富山県	男女共同参画チーフ・オフィサー設置事業	
福島県	男たちの男女共同参画実践事業	個人の多様な選択を可能にする支援やサービスを展開する
埼玉県	お父さん応援講座	
山梨県（南アルプス市）	南アルプス市企業ガイダンスの開催における男女共同参画の取組	
広島県	合同就職面接会（ママの再チャレンジ支援事業）	
大分県	ワーク・ライフ・バランス推進事業「ちょいモテパパの休日講座」	
千葉県（市原市）	「パートタイム労働ガイダンス」の開催	
佐賀県	ゆとりチャレンジ7days	
佐賀県	広報活動	
大阪府（河内長野市）	ボランティア活動体験・見学プログラム	
兵庫県	ひょうご女性チャレンジひろば	
大阪市	母親教室（妊婦教室）へのママの人生応援アドバイザー派遣事業	
企業・組織のマネジメント改革		
宮崎県（宮崎市）	お家に帰ろうデーの徹底	企業・組織のマネジメント改革
愛知県（高浜市）	多能工化の推進	

出典：「地方公共団体における仕事と生活の調和（ワーク・ライフ・バランス）取り組み事例（カテゴリー別）」の地方公共団体における仕事と生活の調和（ワーク・ライフ・バランス）取組事例にもとづいて作成
http://www.gender.go.jp/danjo-kaigi/wlb/wlb-category.pdf#search='地方公共団体における仕事と生活の調和取り組み事例'

業や短時間勤務等の両立支援制度の定着、一般事業主行動計画（「次世代育成支援対策推進法」）の策定・公表の促進である。

　2010（平成22）年6月に、少子化社会対策会議の決定により、子ども・子育て新システムの基本制度案要綱が打ち出されている。新システムでは、市町村を実施主体として子ども・子育て支援施策を再編し、制度、財源、給付について包括的かつ一元的な制度とする。給付は、すべての子ども・子育て家庭を対象として基礎的給付と両立支援・保育・幼児教育給付の2種類とし、就学前保育・教育の一体化となるこども園（仮称）等の構想がある。就学前保育と子育て支援サービスに重点が置かれているため、同時に新システムの中に社会的養護など要保護児童や障がい児の福祉を担保する方策を盛り込むことが課題である。

（3）ワーク・ライフ・バランスの具体例

　地方公共団体は、ワーク・ライフ・バランスに関する取り組みを行っている。ここでは、2008（平成20）年における内閣府男女共同参画局発行の内容を（表2-3）で紹介する。

参考文献

保育福祉小六法編集委員会編『保育福祉小六法　2011年版』みらい　2011年
鈴木　力「第1章　現代社会と家族―現代の家族・家族関係の変容と現状」山田勝美、鈴木力編『子ども家族援助論　子どもと家族のウェルビーイング』川島書店　2003年　pp.2-20.
中谷奈津子「Ⅱ子どもと家庭」橋本真紀、山縣文治編『よくわかる家庭支援論』ミネルヴァ書房　2011年　pp.18-33.
佐藤まゆみ「Ⅷ家庭支援に関わる法・制度」前掲書　pp.108-119.
藤松素子「現代社会のコミュニティと地域福祉」藤松素子『現代地域福祉論』佛教大学　2006年　pp.3-64.
地域社会の変容と家族支援
　http://www.gender.go.jp/kihon-keikaku/2nd/2-05.pdf#search='地域社会の変容と家庭支援'
男女共同参画社会基本法　http://www.gender.go.jp/9906kihonhou.html#TOP
地方公共団体における仕事と生活の調和（ワーク・ライフ・バランス）取組事例

http://www.gender.go.jp/danjo-kaigi/wlb/wlb-category.pdf
共生社会政策統括官少子化対策「『子ども・子育てビジョン』について～子どもの笑顔があふれる社会のために～」2010 年 1 月 29 日閣議決定

第3章 子育て家庭への支援体制

　子育てというのは、何も特別なことではなく、大昔から多くの人たちが、さまざまなかたちで携わってきた。そう考えると、自然の営みとも言える。

　しかし、自然の営みである子育て支援だが、子どもと子育て家庭が暮らす地域社会において、少し工夫が必要になってきたのが現代なのではないだろうか。ここでは、子どもや子育て家庭がおかれている状況から支援のあり方、さらには、わが国における子育て支援策から次世代育成支援策の流れを学び、新しい子育て支援のスタイルを社会全体で築くために一人でも多くの人々と共に考え、実践していきたい。

第1節　子育て家庭の福祉を図るための社会資源

(1)　子どもと子育て家庭の現状
1)　社会情勢の変容

　わが国は、第二次世界大戦後、高度経済成長が進展し、私たちの生活水準は著しく向上した。同時に、産業構造も大きく変化した。農林水産業等の第一次産業の割合が低下し、加工・製造業等の第二次産業へ、そして、サービス・情報産業等の第三次産業の割合が著しく増加した。これに伴い、これまでの農業従事者の多くが、工業化の流れの中でその労働力として動員されるようになったのである。

　産業構造の変化と雇用者世帯の増加に伴って、人口構造が都市部へと移行し

た。都市化が進んだことにより、農村地域の過疎化も進行した。また、これらの変化は、高学歴社会をも生み出した。さらに、こうした社会情勢の変容は、相互に影響し、地域社会や家庭のあり方、また、子どもの生活などに有形無形の影響を与えている。

2） 地域社会や家庭の変容

　子どもたちの成長や子育てを包み込んできた地域社会に目を向けてみると、大きな変容をしようとしている。都市化の進行によって、都市部の地域コミュニティ機能を弱体化させ、近所の手ごろな遊び場は減少した。子どもたちの遊び場は、わざわざ車で行かなければいけない公園や大規模のテーマパークになってしまい、身近な豊かな自然環境や子どもたちの遊び空間も減少しつつある。

　以上のように、産業構造の変化と都市化の進展は、家庭のあり方にも大きな影響をおよぼした。厚生労働省の国民生活基礎調査によると、平均世帯人員は1953（昭和28）年の5.00人に対し、1992（平成4）年には3人を割り込み、直近の2010（平成22）年は2.59人であった。毎年、減少の一途をたどっている。それに伴い、核家族世帯が増え、一般化するようになった。1953（昭和28）年には1,718万世帯であったのが、2010（平成22）年には4,864万世帯となり、1988（昭和63）年に世帯数と世帯人員の推移が逆転するなど、核家族が進展している。

　かつてのような祖父母が同居する大家族は減り、祖母（もしくは祖父）に子どもの世話をしてもらうといった三世代の子育て機能が著しく低下してきた。その分、子育てにおける父母の負担は大きなものになったと考えられる。

3） 男女共同参画社会の実現が求められる

　産業構造が変化し、都市化が進み、核家族が一般化した。そのような中、雇用者世帯が増加したことから、多くの世帯では夫の収入により家計をまかない、妻が家事や育児を担う専業主婦化が起こり、専業主婦家庭が増大した。「男は仕事、女は家庭」といった固定的な性別役割分業が進行したのである。同時に、これが一般的な世帯のモデルとなり、それに基づき、年金などの社会保障制度もつくられた。固定的な性別役割分業が、社会のあらゆる制度を効率

的にしたともいえる。

　しかし、1970年代なかば以降、女性の労働力率が上昇していく。この背景には、経済的な発展、女性の高学歴化、ライフスタイルの変化等があり、結果として女性の社会進出が進んだ。また、生活が便利になり、家事や育児などの家庭の機能の外部化が行われるようになった。

　図3-1は、女性の年齢階級別労働力率の推移を表す際に用いられる有名な「M字型曲線」である。これによると、全体的に女性の就労率は上昇しているものの、その形は一貫してM字型をしていることが分かる。これは、わが国においては、女性が出産後いったん、仕事をやめて家庭で育児を行い、子どもが一定の年齢になってから再び就労を開始する傾向があることを示している。

　この原因として、育児休業中の所得の保障や各種保育サービス等、育児と仕事とを両立させるための社会の仕組みがなお不十分であることや「3歳児神話」と呼ばれる発達観が、十分な根拠もないままに広まっていること、家事・育児における男性の参画が進んでいないこと等が考えられる。

　子どものいる家庭における共働きの割合が増加しているが、今後は、さらに

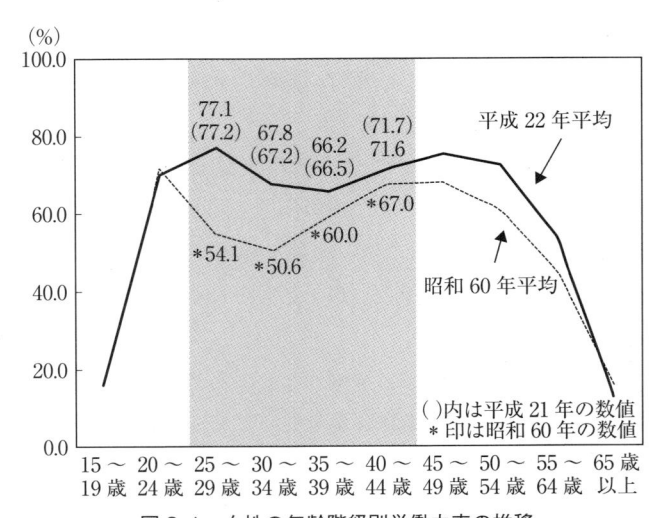

図3-1　女性の年齢階級別労働力率の推移
出典：総務省統計局「労働力調査」平成22年平均（速報）　2011

共働き家庭が一般化し、子育て状況は大きく変化していくことが予想される。「男は仕事、女は家庭」といった固定的な性別役割分業意識は、少しずつ変化しているものの、子育てや介護は女性が中心にするものという意識はかなり存在する。今後は、男女共同参画社会の実現に向けての意識改革を伴う子育て支援が求められる。

4） 子どもたちの置かれている状況

これまで述べたさまざまな情勢の変化とともに、子どもや子育て家庭を取り巻く状況も大きく変化してきた。それは、例えば、子育てを終えた中高年世代と子育て真っ只中の私たち世代とでは、自身の子ども時代の経験や子どもや子育てに関する認識の違いがあるように、世代間の違いからもみてとれる。

さて、今の子どもたちが置かれている状況は、良いのだろうか。それとも、よくないのだろうか。即座に、後者だと答える人が多いのではないかと察する。ぜひ、皆さんが子どもだった時代に比べ、今の子どもたちが幸せな環境で育っていると思うか考えていただきたい。

著者は、1975年、香川県高松市で生まれ育った。両親が自営業を営んでおり、子育ては祖母が手伝っていた。両親が共働きだったので、近所の遊び場や地域の中で過ごしていた時間が多かったように思う。その場合、自然と近所の人や地域の人と接することが多く、常に、地域の大人が見守ってくれているという実感があった。

一方で、現在の日本は、多くのことが効率重視で便利になった反面、子どもが子どもの時期に必要なさまざまな情報提供や関わりを受けずに育っているように思う。その一つの要因としては、忙しい親や大人が自分の都合が優先され、子どもの成長に気づかず、子どもが子どもらしく過ごす時間を奪われているといえる。

さらに、近くに友だちがいない、公園がない、あるいは危険で子どもたちだけでは遊べず、遊びのプログラムはお金を払って楽しむという現状がある。子ども生活時間や遊びなど、子どもの生活の変化は大きい。子どもの生活時間の変化で言えば、塾通いやテレビゲームなどに費やす時間が増加し、家族や地域社会などに費やす時間が減少しているのも象徴的である。極端に外遊びが少な

くなり、交友関係も縮小化してきた。

　このように、まちに子どもたちの姿が見えなくなると、かつてあった地域の人たちとの関わりも自然となくなり、地域全体の子育てを支える力が衰えてきているということにつながる。

　また、現代社会における特徴は、社会の変容を受け、情報技術の進展が「学校裏サイト」問題にみられる、誹謗中傷したり、暴力を誘発したりする事態を招いている。大人の目が届きにくいメディア環境が、子どもたちの健全育成を蝕んでいるのである。

　もう一つ、現代社会における特徴は、ストレス社会に生きる子どもたちがストレスに耐える力の低下がみられることである。これらは、子どもたちの人間関係の希薄化やコミュニケーション力の低下も要因であり、この結果、心理・行動上の問題を引き起こしやすくしている。

5）親たちの置かれている状況

　それでは、今、子育て中の人たちや、これから親になろうとしている人たちの置かれている状況はどうだろうか。これらの状況も決してよいものではないと言えるのではないだろうか。

　今、子育て中の人たちや、これから親になろうとしている人たちは、「男は仕事、女は家庭」が徹底していた団塊の世代に育てられた団塊ジュニアとその下の世代にあたる人たちである。著者も含め、不況の波をもろに受けてしまい、「ロストジェネレーション」という名前までついてしまったのである。大学を卒業したら正社員で就職できるという構図は崩れ、新卒で就職できることが約束できない状況の中、いくつもの企業や職種を受けても就職先が決まらず、フリーターや派遣社員として働くといった人が多かった。そんな時代に大人になった。

　男性女性にかかわらず、働き方についても大きく変わった。かつての高度経済成長期のように、年齢とともに賃金が上がり、職級が上がることは約束できず、明るい見通しが持てなくなり、結婚、出産、育児に移行することが難しくなってきたのが現代である。

　こうした不況の影響を受け、労働や生活、意識にも変容が出てきた。第一

に、近隣関係をはじめとし、地域社会の希薄化による育児の孤立化が進行。

第二に、子育て世代の男性の長時間労働である。子どもとの接触時間が減少している。父親の家事、育児時間は母親に比べて極端に短く、父親の家庭における存在感の希薄化が指摘されている。

第三に、母親の就労が進んでいる一方で、父親の家事・育児への参画が進んでいないため、母親の負担が増大している。また、多様な働き方に対応する休業や再雇用制度、保育サービスなどが十分に浸透していないため、就労と家事や育児との両立が困難になるといった課題も解決に至っていない。

さらに、育児の孤立化や負担感の増大、地域社会におけるコミュニケーションが激減した中、子ども虐待の増加・顕在化が大きな社会問題となっている。

このように、子どもの成長や生活の質、親のありよう、親子の関係など、子どもと家庭をめぐる状況は大きく変容してきた。これが、家庭の機能そのものに大きな変容をもたらそうとしている。

(2) 少子化という現象
1) 少子化の現状

わが国の年間の出生数は、戦後、第1次ベビーブームといわれる1947（昭和22）～1949（昭和24）年には約270万人、その頃に生まれた世代が親になる頃に訪れたのが1971（昭和46）～1974（昭和49）年の第2次ベビーブームであり、約200万人であった。しかし、1975年に200万人を割り込み、それ以降、毎年減少し続けた。

図3-2でも分かるように、出生数と同様、少子化についてみていくときに状況を捉えることができるのが、合計特殊出生率の推移である。

合計特殊出生率とは、人口統計上の指標で、一人の女性が一生の間に産む子どもの数の平均を示し、この数値が2.08以下になると、人口は減少に向かうとされている。図を見ると、1970（昭和45）年から1974年の第2次ベビーブームは2.1台を推移していたが、それ以降、年々低下していることが分かる。

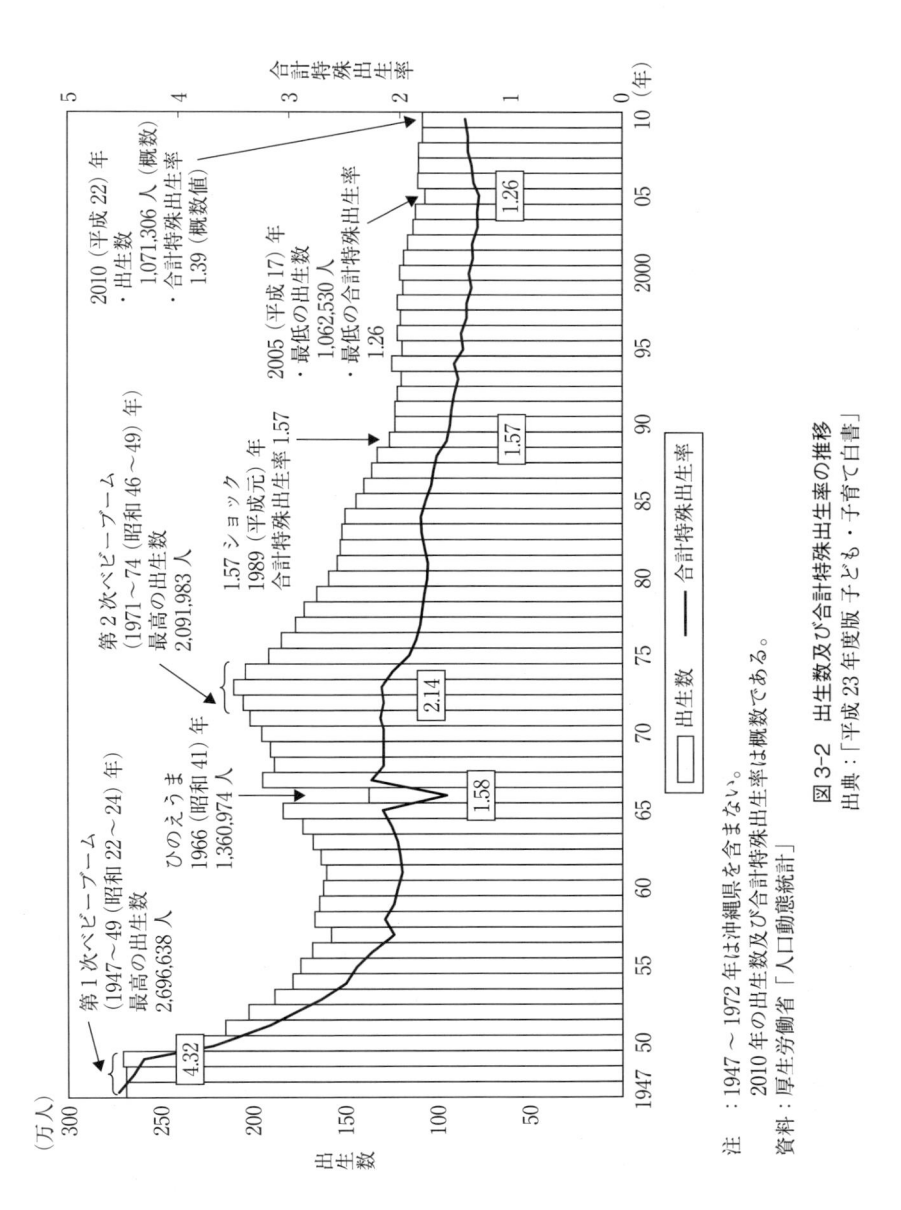

第3章　子育て家庭への支援体制　29

図3-2　出生数及び合計特殊出生率の推移
出典：「平成23年度版子ども・子育て白書」
資料：厚生労働省「人口動態統計」
注：1947～1972年は沖縄県を含まない。
2010年の出生数及び合計特殊出生率は概数である。

第1次ベビーブーム（1947～49（昭和22～24）年）最高の出生数 2,696,638人

ひのえうま 1966（昭和41）年 1,360,974人

第2次ベビーブーム（1971～74（昭和46～49）年）最高の出生数 2,091,983人

1.57ショック 1989（平成元）年 合計特殊出生率1.57

2005（平成17）年
・最低の出生数 1,062,530人
・最低の合計特殊出生率 1.26

2010（平成22）年（概数）
・出生数 1,071,306人（概数）
・合計特殊出生率 1.39（概数値）

4.32　1.58　2.14　1.57　1.26

2）1.57 ショックからその後

とりわけ、1990（平成2）年には、その前年の1989（平成元）年の合計特殊出生率が1.57と戦後最低を記録し、「1.57 ショック」と言われた。これは、「ひのえうま」という特殊要因により過去最低であった1966（昭和41）年の合計特殊出生率1.58を下回ったことで、今後の日本社会に危機感をもたらした。

一方で同じく1989（平成元）年、国連総会が採択し、1994（平成6）年には日本も批准した「子どもの権利条約」には、父母は子どもの養育に共同の責任を有し、その責任は第一義的であること、国は父母がその責任を果たせるよう、必要な援助を提供する義務と責任があること、父母が働いている場合には、子どもは保育を受ける権利を有することが明記されている（子どもの権利条約第18条）。

そこで、わが国の危機に直面した政府は、「少子化対策」として、さまざまな政策を実施していく。1992（平成4）年に育児休業制度を導入、同年には日本で初めての少子化に対する総合計画であるエンゼルプランが策定され、女性が働きやすい環境の整備や保育の充実などの施策によって少子化を食い止めようとした。政府が打ち出した少子化対策の中身は後述するとして、「1.57 ショック」後も合計特殊出生率は低いままである。

3） 少子化の原因は女性の問題か

「1.57 ショック」後の1990年代には、一般的に、少子化のおもな原因は、「女性の高学歴化」と「女性の社会進出」であるとされてきた。女性が高学歴化して、職業キャリアを追求する傾向が強くなり、それが晩婚化や非婚化をもたらしたり、出産を回避するという説である。その説に従って政府の少子化対策が組まれてきたと言える。

それは、男女雇用機会均等法の施行や「総合職」に象徴されるように、女性が高学歴で専門職であるほど（あるいは、やりがいのある仕事であったり、男性並みの給与水準であったりするほど）、仕事を続けたいという欲求が強くて少子化が進むのだから、仕事と両立できるようにすれば出生率は上がるだろうという予測からのものである。

しかし、本当に、女性の高学歴と社会進出によって少子化が進んでいることが少子化のおもな原因で、さらには、仕事と育児を両立できるようにさえすれば、出生率は上がるという少子化対策は正しかったのだろうか。

　労働力調査等のさまざまな調査から、女性の出産前後の労働状況をまとめた興味深い調査報告がある。これによると、高学歴女性の方が専業主婦になりがちで、労働市場に戻らず、女性の年齢別の労働人口割合に特徴的な「M字型曲線」の第二の山がほとんどないという状況なのである。

　わが国の子育て支援策が、少子化対策から次世代育成支援策に転換するプロセスについては次節で述べるが、少子化対策から始まった視点がずれていたことが分かる。

　それは、人が出産や仕事を選択する際には、もっと多様なメカニズムが働いているからである。そのメカニズムは多種多様であって、私らしさのため、仕事と育児の両立を青年期から志向していたり、育児による仕事の中断を志向している、今の日本では辞めたら二度と同じ職業地位には戻れないから育児をしても仕事にしがみつく（しがみつくために産まないという選択もありうる）、夫や親の支援が得られるから、職場に育児支援制度が整っているから、仕事にやりがいがあるから…などである。

　このように、多様だからこそ、仕事の継続に焦点を当てた育児休業と保育所整備の二本立てにとどまる少子化対策ではなく、就労の有無を問わない多様な育児支援が必要とされるのである。

4）少子社会における子育て家庭支援

　少子化の要因の一つに言われるのが、夫婦の出生力の低下である。これは、結婚しても子どもを産もうとしないことや、あまり多くを産もうとしないという傾向を指す。また、夫婦の理想子ども数と実際の子ども数との間には、常に大きな乖離がみられるのも事実である。

　その背景には、子育てに対する経済的負担、子育てにかかる肉体的・精神的負担、仕事との両立困難などの理由が挙げられ、現代の子育て家庭の負担感の大きさ増大がある。特に、子育てに対する経済的負担を理由とするものが目立つ。

少子化がもたらした影響が悪なのではなく、これまで見てきた私たちの社会に起きるさまざまな変化が少子社会をもたらしただけである。それを受け止め、これらの子育て家庭の負担感を少しでも軽くし、社会全体で支えていく仕組みや支援を再構築していく必要がある。

（3） 子育て家庭支援の重要性
1） 児童福祉から子ども家庭福祉へ

かつて「児童福祉」と言われていたが、近年、「子ども家庭福祉」として使われるようになった。それは、子どもの福祉を実現するめたには、子どもそのものだけに焦点を当てるのではなく、子どもの生活する場である家庭や子どもが生活をともにする家族を含め、子どもの福祉の保障を行う援助や支援を考えることが求められているからである。

柏女霊峰氏は、子ども家庭福祉の定義を「理念的には人格主体として理解されながら、実際には自分たちの立場を主張したり、それを守る力の弱い子どもをその保護者とともに、国、地方自治体および社会全体がその生活と発達、自己実現を保障する活動の総体をいう」としている。

また、子ども家庭福祉は、「子どもや子育てのおかれた現状を視野にいれ、子ども家庭福祉の理念に基づき、子ども家庭福祉の目的とその方策を法令等に基づいて制度化し、その運用ルールを示したもの、およびそのルールに基づいた機関・施設の運営や具体的実践行為（方法）の体系である」と考えることができるとし、従って、子ども家庭福祉は、①現状、②理念、③制度、④方法、の四つをその要素として成立する営みであるとしている。

たとえば、子ども家庭福祉サービスの代表的な保育を考えると、保育所における日々の保育は、子育てと仕事の両立を願う人々や、親の仕事と子育ての両立、育児負担の軽減、子どもの豊かな発達・福祉の保障を理念として、認可保育所制度という制度や保育所保育指針等の法令に基づいて、適切な保育所の経営・運営のもとで、一人ひとりの子どもに対して提供される保育という専門的行為によって成り立っている。よって、子ども家庭福祉は、先に述べた4つを常に視野にいれていくことが必要である。

子ども家庭福祉の概念は、子どもを直接のサービス対象とする児童福祉の視点を超え、子どもが生活し成長する基盤となる家庭をも福祉サービスの対象として認識していこうとする考え方のもとに構成された概念である。児童から子どもへと表現を変えたことからも、従来の救貧的な福祉観から、権利の保障と自己実現を重視した福祉観への転換といえる。

2） 子育て家庭福祉の社会資源

子ども家庭福祉の対象は広い。①子ども、②妊産婦や子育て家庭、③子どもと子育て家庭が暮らす地域社会や社会そのものの3つである。これらの子ども家庭福祉を支え、向上させるための社会資源を知り、活用していく必要がある。

社会資源とは、一般的に、利用者がニーズを充足したり、問題解決するために活用される各種の制度・施設・機関・設備・資金・物質・法律・情報・集団・個人の有する知識や技術などを総称して言う。

そこで、子ども家庭福祉を支え、向上させる社会資源にはどのようなものがあるだろうか。

制度については、「児童福祉法」を中心とする各種の法令及び財政等により構成され、保育、子育て支援（経済的支援を含む）、母子保健、障害児童福祉、要養護児童福祉・虐待防止、ひとり親家庭福祉等の各種サービスが体系化され、学校、役所、福祉事務所、児童相談所、保健所、病院、保育所・幼稚園、地域子育て支援センター、児童館、ファミリーサポートセンター、つどいの広場、子育てサロン、学童保育、プレーパーク等、公的機関や子育て支援施設などが、それらを支えている。

そして、こうした制度に基づく多様なプログラムの供給がある。その主体は、公的なもののほか、非営利団体等によって提供される自発的なプログラム、地域住民や友人関係等のネットワークによる相互扶助活動、企業等によるビジネスや社会貢献活動等で構成されている。

さらに、これらを支える人的資源としては、保育士、幼稚園教諭、保健師、助産師、臨床心理士、児童委員・主任児童委員、行政職員、非営利団体やボランティアスタッフ、地域住民等、挙げればきりがないが、専門職である、ない

にかかわらず、子ども家庭福祉を支えているのである。
3）子育てに対する経済的支援
　社会資源の中には、経済的支援も含まれる。次代を担う子どもの育成ということを考えれば、社会共通の必要コストとしての側面もあり、子育て家庭に対する経済的支援を行っていくことが必要である。
　子どもの育ち・子育てに関わる個々の家庭に対する代表的な経済的な支援には、子ども手当、児童扶養手当、特別児童扶養手当などがある。
　子ども手当は、子育てを未来への投資として、次代を担う子どもの育ちを個人の問題とするのではなく、社会全体で応援するという観点から実施された。
　子ども手当は、2010（平成22）年4月分から（それまでは、児童手当という制度であった）、中学生までの子どもがいる家庭に子ども一人あたり月額1万3,000円が支給されているが、これは2011（平成23）年9月分までであり、10月分からは一律1万3,000円ではなくなり、制度の内容が変更になる。
　児童扶養手当は、ひとり親家庭への支援である、18歳に達する日以後最初の3月31日までの間にある子どもをもつ母子家庭の親、又は養育者に支給され、受給するには所得制限がある。また、特別児童扶養手当は、精神又は身体に一定以上の障がいのある子ども（20歳未満）を養育する人に支給される。
　さらに、経済的支援にはこの他にも、生活保護及び母子寡婦福祉貸付金、生活福祉資金、奨学金等の貸付金制度等がある。これらの経済的支援の手法には、公的補助、社会保険、年金、貸与、無償化、税控除、事業主手当など多様であるが、その財源は、大きく分けると、税、社会保険、事業主財源に大別できる。
4）子ども家庭福祉と子育て支援サービス
　子ども家庭福祉の具体的援助、サービスは、社会的存在である子どもや、子どもを養育・育成する営みである子育てを主として担う親（保護者）の具体的生活ニーズから始まる。それはまた大きく、①子ども自身の特性から生ずるニーズ、②親（保護者）の特性から生ずるニーズ、③子どもの生活環境から生ずるニーズ、④子育て環境から生ずるニーズに大別される。
　「児童福祉法」第2条では、子育て支援の意義を「国及び地方公共団体は、

児童の保護者とともに、児童を心身ともに健やかに育成する責任を負う」としている。

　子育て支援とは、子どもが生まれ、育ち、生活する基盤である親及び家庭、地域における子育ての機能に対し、家庭以外の私的、公的、社会的機能が支援的に関わることをいう。歴史的に子育て支援は、主として血縁、地縁型のネットワークによって担われてきた。

　しかし、近年では、こうした従来の子育て支援ネットワークが弱体化し、それに代わるべき子育て支援事業、保育サービスなどの社会的子育てネットワークが求められるようになった。子育ての孤立化、閉塞化が叫ばれる現在、この視点が重要になってくる。

　また、子ども家庭福祉における援助や支援策は、保育施策を中心とする子育て支援施策を包含しながら、子ども虐待や障がいを持つ子どもなどのさまざまな状況のために保護が必要な子どもやその家族への援助・支援活動を含んでいる。援助や支援のニーズは、時代が変わっても続いていくものと、時代とともにが変わっていくもの、時代の変化とともに新たに生ずるものとがあり、社会全体の変容について常に視野に入れておくことが必要である。

5）子ども家庭福祉に求められる方向性

　児童福祉から子ども家庭福祉への転換は、子どもが生活し成長する基盤となる家庭をも福祉サービスの対象として認識していこうとする考え方のもと、従来の救貧的な福祉観から、権利の保障と自己実現を重視した福祉観への転換である。柏女霊峰氏は、これからの子ども家庭福祉の新たな方向性を以下のようにまとめている。

　① 「保護的福祉」から「支援的福祉」へ
　子どもが生まれ、育ち、生活する基本的な場である家庭を支援することにより、親と子どもの生活や自己実現をペアで保障するという、子ども家庭福祉の視点が必要とされる。

　② 「血縁・地縁型子育てネットワーク」から「社会的子育てネットワーク」へ
　男女が共同して子育てを行うことを可能とし、子育ての社会化の仕組みを導入することによって、社会的子育てネットワークを創りあげるという視点が必

要である。

③ 「与えられる（与える）福祉」から「選ぶ（選ばれる）福祉へ」

さまざまなニーズに応えられるよう、多様な供給主体による多様なサービスを用意していくことに加え、サービス提供にあたって説明と同意に基づく選択が可能となるような視点が必要である。

④ 「点の施策」から「面の施策」へ

複数（家族や地域）を対象に、複数のサービスを、複数の供給主体により、複数の手法（経済的支援、訪問、通所など）で提供する、「面の福祉」の視点が求められる。

⑤ 「成人の判断」から「子どもの意見も」へ

子どもの最善の利益を保障するためには、子どもの意見も積極的に取り入れたサービス決定手法に転換していくことが必要。子どもの意見尊重、決定に対する子どもの参加の保障につながる。

⑥ 「家庭への介入抑制」から「子権のための介入」へ

子育てを親族のよしみや地域社会の互助に委ねて、家庭に対する介入を控える考え方から、子どもの生命や権利を守ることを重視する。

⑦ 「（保護的）福祉（welfare）」から「ウエルビーイング（well-being）」へ

より積極的に人権を保障し、自己実現を保障する、ウエルビーイングの視点に立脚した子ども家庭福祉を実現していくことが必要。

（4） 子育て家庭に関わる諸問題

1） 児童虐待の実態とその支援

最近、新聞やテレビで児童虐待の事件が頻繁に報じられる。昔は、虐待として届けられていなかったが、しつけと称して子どもに暴力をふるう親は一定数いたといわれている。そのことからも、児童虐待は古くて新しい問題ともいわれる。

しかし、図3-3からも分かるように、児童相談所における虐待相談の処理件数は、報告をするようになった1990（平成2）年度の1,101件から、2000（平成12）年に「児童虐待の防止等に関する法律」が施行されて以降飛躍的に

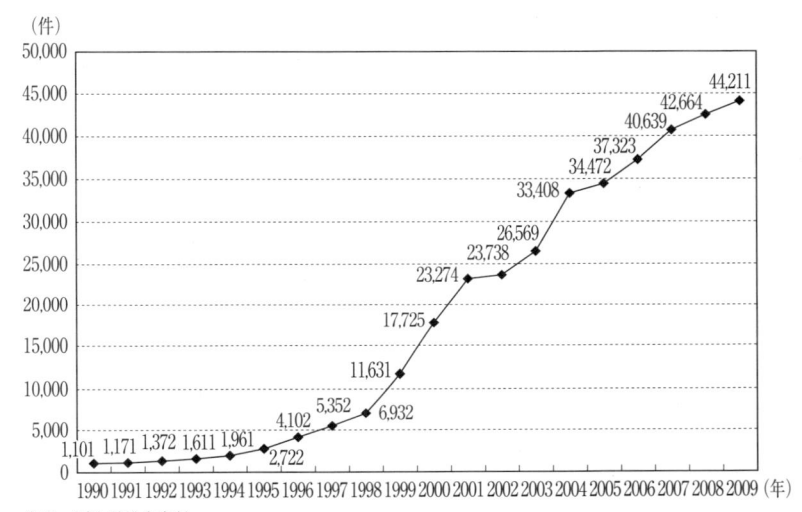

図3-3 児童相談所における虐待相談対応件数の推移
出典:「平成23年度版 子ども・子育て白書」

上昇し、2009年度には4万4,211件となり、増加の一途をたどっている。その内容は、身体的虐待が最も多く、続いて保護の怠慢・拒否があげられている。また、虐待加害者は母親が一番多く、次いで父親となっている。

庄司順一氏によると、虐待の発生要因は、①親の問題、②家庭の状況、③社会からの孤立、④子ども自身の特徴、⑤親と子どもの関係に整理される。親自身の被虐待体験や心理的な問題、また、経済的な困難や失業、夫婦の不和などからの家庭内にストレスを生む。さらには、近隣や周囲から孤立することで、必要な社会的支援を得られにくい状況であったり、育児の負担感を生じさせたり、親の子どもに対する愛着が感じられなくなる等から問題を引き起こす。

児童虐待への対応には、発生予防から早期発見・早期対応、子どもの保護と処遇、保護者への指導、アフターケアに至るまでの一貫した取り組みが大切である。わが国では、「児童福祉法」にある「要保護児童」への対応を基盤とし、それぞれの段階や場面に応じて、児童虐待防止法、児童買春・ポルノ規制法、配偶者暴力・保護法などを適用させ、対応している。

なかでも、2000（平成12）年11月に制定された「児童虐待の防止等に関する法律」は、児童虐待の対応に特化したものである。児童虐待の定義が明確にされるとともに、児童虐待の禁止、虐待を発見しやすい者の早期発見の努力義務や国民の通告義務、子どもの安全確認や一時保護の義務、立ち入り調査の強化、警察官の援助、保護者が指導を受ける義務、児童福祉施設に入所している児童に対する保護者の面会又は通信の制限、親権の適切な行使等の規定が設けられた。

　施行後3年を目途として、この法律の施行状況を勘案し、検討が加えられ、子どもを虐待から守り、ケアするための施策が強化されてはいるが、虐待による死亡事例もあとを絶たない悲惨な現状が今なお起こっている。

2）ひとり親家庭への支援

　「ひとり親家庭」というのは、「母子家庭」「父子家庭」の総称である。離婚や未婚の親あるいは死別など、さまざまな事情によって一人で子どもを育てている家庭である。ひとり親家庭に関して、社会的理解は十分ではない。

　わが国では、ひとり親家庭への福祉施策は、母子福祉を中心に展開されてきたが、近年になって、父子家庭も増加していることから、父子家庭の生活問題も注目されるようになり、母子福祉を父子家庭に援用するかたちで父子福祉が講じられるようになってきた。

　歴史的には、1937（昭和12）年の「母子保護法」にさかのぼる。これは、戦争未亡人対策として、13歳以下の児童をもつ母子家庭に対する住宅扶助を中心にしたものであった。戦後、1946（昭和21）年に「旧生活保護法」に吸収され、母子家庭独自の法律ではなくなったが、1964（昭和39）年に「母子福祉法」が制定された。この頃から、母子家庭でなくなった後も母親（寡婦）の生活は困難であることが多いことから、1981（昭和56）年に寡婦に対しても母子家庭に準じた法律に改正され、現在の「母子及び寡婦福祉法」が登場する。

　新たに、2003（平成15）年の法改正では、この法律の対象を「母子家庭及び父子家庭」とし、父子家庭が法律上に明確に位置付けられた。さらに、「児童福祉法」の一連の改正と並行して、自立支援に主眼が置かれるようになったといえる。

しかし、これまでも母子家庭の経済状況は厳しかったが、近年の経済情勢の悪化により、母子家庭の母の就業がいっそう困難となっている実態から、2003（平成15）年から5年間の時限立法が成立し、①子育て・生活支援策、②就業支援策、③養育費の確保策、④経済的支援策といった総合的な自立支援策が盛り込まれた。さらに、2008（平成20）年度からは、母子家庭等就業・自立支援センター事業について、在宅就業推進事業を追加、2009（平成21）年2月からは、高等技能訓練促進費の支給期間の延長を行うなど、母子家庭の母の就業支援策の充実を図っている。

しかし、深刻な問題は、母子家庭のほとんどが働いているにもかかわらず、母子世帯の貧困率は依然と高く、今後もさらに、相談事業を充実させ、経済的支援・就業支援・住宅支援・生活支援等の制度を利用しやすいものにしていくことが必要と考える。

3）DV（ドメスティック・バイオレンス）などの家庭問題への支援

ドメスティック・バイオレンス（domestic violence 以下、DV という）は、配偶者や恋人などの親密な関係にある、あるいはその関係にあった相手から振るわれる暴力であり、「支配―被支配」のゆがんだ力関係が存在している。身体的な暴力だけではなく、社会的・経済的・精神的・性的暴力などといった多様な形をとって現れる。

DV が単なる個人的な問題ではなく、社会的問題として捉えられるようになった。それは、これまでにも述べてきたが、「男は仕事、女は家庭」といった固定的な性別役割分業意識が古くから存在していることも大きな要因であるといえる。家庭内では、昔から夫が妻に対して暴力を振るうことはよく知られていたが、長い間存在していたにもかかわらず、見えない存在でもあった。暴力の被害を訴えても、「夫婦の喧嘩には介入しない」ということで相手にされないことが圧倒的に多く、被害を受けても救済されなかったのである。

しかし、この DV 問題は、子育てとの関連も大きいと考えられている。先ほど、DV は個人的な問題ではなく、社会的問題だと述べたが、1999（平成11）年、男女共同参画室（旧総理府）が「男女間における暴力に関する調査」を行い、家庭内での暴力は頻繁に発生しており、深刻な被害をもたらしている

という結果が明らかになり、さまざまな社会的な措置が必要だと広く認識されたのである。

2001（平成13）年「配偶者からの暴力の防止及び被害者の保護に関する法律」（DV防止法）が制定、施行後3年を目途として見直しが行われ、DVへの法的整備がされるようになった。DVへの対応は、各自治体の母子自立支援員、女性センター（男女共同参画センター）や警察が窓口になり、さらに、事態が深刻なときには、親子をシェルター等に避難させるようにするなど、関連機関と連携しながら、サポートする仕組みが構築されつつある。

被害者をサポートし、DVを防止する仕組みが徐々に構築されてきたが、DVへの対応は簡単ではない。DV被害者支援と並行して、加害者（DVをする人）支援も必要であるが、現段階では十分に行われていない。民間の専門家レベルでは、加害者更生プログラムが始められているので、社会全体において広めていく必要がある。

第2節　子育て支援施策・次世代育成支援施策の推進

（1）少子化対策から次世代育成支援対策へ
1）少子化対策のはじまり

「少子化対策」が本格的に始まったのは1995（平成7）年の「エンゼルプラン」からである。これ以降、「新エンゼルプラン」「子ども・子育て応援プラン」と、3期各5年間の政策を経て現在に至っている。

すでに前節で述べたが、一人の女性が一生の間に生む子どもの数である合計特殊出生率が、1989（平成元）年に1.57と戦後最低を記録し、少子化が顕在化した。いわゆる、「1.57ショック」であり、日本社会に危機感をもたらした。1.57ショック以後、保育等の児童福祉施策は、少子化対策の一部として、年金・医療・介護を下支えする施策として歩みを始める。その結果、児童福祉施策は、少子化対策と要保護児童福祉対策とに二分されていくこととなる。少子化対策は、1995（平成7）年の「エンゼルプラン」につながり、1999（平成

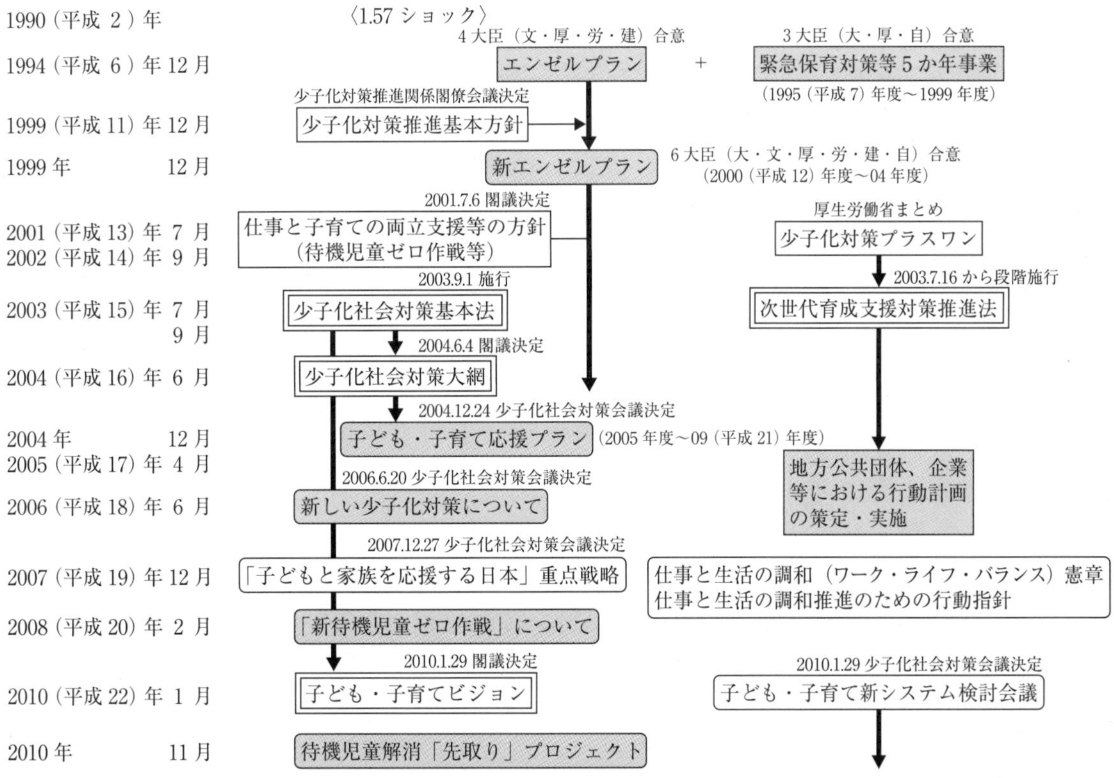

第3章　子育て家庭への支援体制　41

図3-4　少子化対策の経緯

出典：「平成23年度版子ども・子育て白書」

- 1990（平成2）年　〈1.57ショック〉
- 1994（平成6）年12月　4大臣（文・厚・労・建）合意　エンゼルプラン
- 1999（平成11）年12月　3大臣（大・厚・自）合意　緊急保育対策等5か年事業（1995（平成7）年度～1999年度）
- 1999年12月　少子化対策推進関係閣僚会議決定　少子化対策推進基本方針
  + 6大臣（大・文・厚・労・建・自）合意　新エンゼルプラン（2000（平成12）年度～04年度）
- 2001（平成13）年7月　2001.7.6 閣議決定　仕事と子育ての両立支援等の方針（待機児童ゼロ作戦等）
- 2002（平成14）年9月
- 2003（平成15）年7月　2003.9.1 施行　少子化社会対策基本法　　厚生労働省まとめ　少子化対策プラスワン
- 2003（平成15）年9月　2003.7.16から段階施行　次世代育成支援対策推進法
- 2004（平成16）年6月　2004.6.4 閣議決定　少子化社会対策大綱　　地方公共団体、企業等における行動計画の策定・実施
- 2004年12月　2004.12.24 少子化社会対策会議決定　子ども・子育て応援プラン（2005年度～09（平成21）年度）
- 2005（平成17）年4月
- 2006（平成18）年6月　2006.6.20 少子化社会対策会議決定　新しい少子化対策について
- 2007（平成19）年12月　2007.12.27 少子化社会対策会議決定　「子どもと家族を応援する日本」重点戦略　　仕事と生活の調和（ワーク・ライフ・バランス）憲章　仕事と生活の調和推進のための行動指針
- 2008（平成20）年2月　「新待機児童ゼロ作戦」について
- 2010（平成22）年1月　2010.1.29 少子化社会対策会議決定　子ども・子育てビジョン　　2010.1.29 少子化社会対策会議決定　子ども・子育て新システム検討会議
- 2010年11月　待機児童解消「先取り」プロジェクト

表3-1 少子化対策の内容

エンゼルプラン (1995〜'99年度)	[1] 子どもを産むか産まないかは個人の選択に委ねられるべき事柄であるが、「子どもをもちたい人がもてない状況」を解消し、安心して子どもを生み育てることができるような環境を整えること。 [2] 今後とも家庭における子育てが基本であるが、家庭における子育てを支えるため、国、地方公共団体、地域、企業、学校、社会教育施設、児童福祉施設、医療機関などあらゆる社会の構成メンバーが協力するシステムを構築すること。 [3] 子育て支援のための施策については、子どもの利益が最大限尊重されるよう配慮すること。	
	(1) 仕事と育児との両立のための雇用環境の整備 ①育児休業給付を確実に、②事業所内託児施設の推進、③再就職支援、④時短	(4) 住宅および生活環境の整備 ①住環境整備、②遊び場等整備 (5) ゆとりある教育の実現と健全育成の推進
	(2) 多様な保育サービスの充実 ①保育サービスの多様化（駅型保育、在宅保育サービス）、②低年齢児保育、延長保育、一時的保育事業の拡充、③保育所の多機能化のための整備（乳児保育、地域子育て支援）、④放課後児童対策	(6) 子育てにともなう経済的負担の軽減 ①幼稚園就園奨励事業、②保育料の見直し（乳児や多子世帯の保育料の軽減、共働き中間所得層の負担軽減等の保育料負担の公平化）
	(3) 母子保健医療体制 ①母子保健、周産期・新生児医療、②乳幼児健康支援デイサービス事業（病後児保育）	(7) 子育て支援のための基盤整備 ①地域子育て支援センター、②地方自治体の取組み
新エンゼルプラン (2000〜'04年度)	(1) 保育サービス等子育て支援サービスの充実 ①低年齢児（0〜2歳）の保育所受入れの拡大、②多様な需要に応える保育サービスの推進（延長保育、休日保育、乳幼児健康支援一時預かり、多機能保育所）、③在宅児も含めた子育て支援の推進（地域子育て支援センター、一時保育、ファミリーサポートセンター等の推進）、④放課後児童クラブの推進	(5) 地域で子どもを育てる教育環境の整備 ①子どもセンター、②子ども24時間電話相談、③幼稚園における地域の幼児教育センターとしての機能
	(2) 仕事と子育ての両立のための雇用環境の整備 ①育児休業給付金水準の引き上げ、②時短や看護休暇、③再就職支援、④事業所内託児施設助成金制度の拡充、⑤フレーフレーテレフォン事業	(6) 子どもたちがのびのび育つ教育環境の実現 ①学校週休5日制、②学習指導要領改訂、③カウンセリングやスクールカウンセラー、④中高一貫校・単位認定校
	(3) 働き方についての固定的な性別役割分業や職場優先の企業風土の是正 ①広報啓蒙活動、②中小企業対象セミナー	(7) 教育にともなう経済的負担の軽減 ①育英奨学事業の拡充、②幼稚園就園奨励事業等の充実

	(4) 母子保健医療体制の整備 ①国立成育医療センター（仮称）、周産期医療ネットワークの整備、②小児救急医療体制整備、③不妊専門相談センター	(8) 住まいづくりやまちづくりによる子育ての支援
子ども・子育て応援プラン（子ども子育て支援事業） （2005〜'09年度）	保育事業中心から、若者の自立・教育、働き方の見直し等を含めた幅広いプランへ。きめ細かい地域の子育て支援や児童虐待防止対策など、すべての子どもと子育てを大切にする取組みを推進（子どもが減少する（量）ことへの危機感だけでなく、子育ての環境整備（質）にも配慮	
	(1) 若者の自立とたくましい子どもの育ち ①若年者試用（トライアル）雇用の積極的活用、②日本学生支援機構奨学金事業の充実、③学校での体験活動の充実	(3) 生命の大切さ、家庭の役割等についての理解 ①若年者のふれあい体験、②青少年の理解教育
	(2) 仕事と家庭の両立支援と働き方の見直し ①企業の行動計画の策定・実施の支援と好事例の普及（ファミリーフレンドリー企業）、②個々人の生活等に配慮した労働時間の設定改善に向けた労使の自主的取組みの推進、長時間にわたる時間外労働の是正（育休、時短）	(4) 子育ての新たな支え合いと連帯 ①地域の子育て支援の拠点づくり（つどいの広場事業、地域子育て支援センター事業）、②待機児童ゼロ作戦のさらなる展開、③児童虐待防止ネットワークの設置、④小児救急医療体制の推進、⑤子育てバリアフリーの推進（建築物）
	とくに保育政策に関して (1) 地域子育て支援 ①働いている、いないにかかわらず、親と子の育ちを地域で支え、家庭の中だけでの孤独な子育てをなくしていく（つどいの広場事業、地域子育て支援センター事業、一時・特定保育、子育て支援事業、子育て短期支援事業（ショートステイ事業、トワイライトステイ事業））、②就学前教育（幼稚園の幼児教育センター機能、幼稚園就園奨励事業、幼保一元化）、③地域住民による主体的な子育て支援の促進（ファミリーサポートセンター、シルバー人材センター子育てNPOや子育てサークル） (2) 保育 ①待機児童ゼロ作戦、②放課後児童クラブ、③多様な保育サービス（延長保育、休日保育、夜間保育、乳幼児健康支援一時預かり（病後児保育）） (3) 家庭教育支援 (4) とくに支援が必要な子どもと家庭 ①虐待防止ネットワーク、②育児支援家庭訪問事業の推進、③児童家庭支援センター、④情緒障害児短期治療施設、⑤地域小規模児童養護施設の整備、⑥里親の拡充、⑦自立援助ホーム、⑧母子家庭等ひとり親家庭への支援の推進、⑨障害児等への支援の推進、⑩小児医療・母子医療・周産期医療ネットワーク、⑪心の健康支援、⑫不妊専門相談センター・特定不妊治療費助成事業	
子ども・子育てビジョン	子ども・子育て応援プランをほぼ引き継ぐ。子ども手当の創設、幼保一体化を含む一元的制度の構築。少子化社会対策大綱と一体化して、周産期医療体制の確保、若者の就労支援等を含める。	

出典：白井千晶編著「子育て支援 制度と現場」新泉社　2011年

11) 年の「新エンゼルプラン」へと引き継がれていく。

　政府は、少子化が進むと労働力が低下し、経済活動が停滞することを恐れ、労働力を増やすための少子化対策で事態を乗り切ろうとした。そこで、1994（平成 6）年には日本で初めての少子化に対する総合計画である「エンゼルプラン」が策定され、1995（平成 7）年から実施された。以後 5 年ごとに計画が作られ、政策化が図られてきた。

　しかし、少子化は一向に収まらず、出生率は下がり続け、2009（平成 21）年には 1.37 まで下がった。少子化の理由を 1990 年代には、女性の高学歴化と社会進出としていた政府も、ようやく 21 世紀になってから、既婚夫婦の出産数が減ると、家族を応援するということを前面に打ち出す施策に転換していくようになった。

2）エンゼルプランと新エンゼルプラン

　1995（平成 7）年から実施されたエンゼルプラン（1995 〜 1999 年）では、「緊急保育対策等 5 か年事業」として、保育所の拡充に主眼がおかれた。しかし、その後も合計特殊出生率は下がり続け、5 か年の最終年に示された「少子化対策推進基本方針」に基づき、2000 年には「新エンゼルプラン」5 か年計画（2000 〜 2004 年）が策定された。

　エンゼルプラン、新エンゼルプランでは、保育所入所児童数を上げること（待機児童を減らすこと）、延長保育・放課後児童クラブ・地域子育て支援センターを拡充すること、育児休業給付水準を上げること等がおもな対策であった。

　2000 年代に入ると、少子化に加えて、子どもの虐待やドメスティック・バイオレンス（DV）など、家族に対する暴力が深刻な問題として浮上してきた。こうした中で、当時考えられていた保育制度を中心としたエンゼルプランという少子化政策では、少子化に歯止めをかけられないだけでなく、子どもたちや子育て家庭が直面している問題も解決できないという認識が深まった。その結果、2000（平成 12）年の「児童虐待防止法」、2001（平成 13）年の「DV 防止法」の制定や 2007（平成 19）年の「子どもと家族を応援する日本」の策定などにつながったといえる。

3）少子化対策プラスワン

　新エンゼルプラン3年目の2002（平成14）年には、少子化対策を拡充するため「少子化対策プラスワン」が公表された。

　これは、夫婦の出生力の低下という新たな現象を踏まえ、少子化の流れを変えるため、もう一段の少子化対策を推進することを目的に出された。ここでは、①男性を含めた働き方の見直し、②地域における子育て支援、③社会保障における次世代支援、④子どもの社会性の向上や自立の促進といった4点の柱に加えて、待機児童ゼロ作戦を含めたものとなっている。

　保育所の数を増やすだけでは女性は子どもを産まないとの認識から、保育政策からより広い「子育て支援」へと政策を転換しようとしたものである。

4）次世代育成支援対策にかかわる法律

　しかし、さらに出生率は下がり続け、2003（平成15）年の合計特殊出生率は1.29と史上最低を記録する。これに対して、2003（平成15）年に「少子化社会対策基本法」と「次世代育成支援対策推進法」の子育て支援関連の2つの法律が制定された。さらに、2003（平成15）年の「改正児童福祉法」は、子ども家庭福祉、子育て支援のための在宅福祉三本柱を「子育て支援事業」として法制化した。

　「次世代育成支援対策推進法」は、次代の社会を担う子どもが健やかに生まれ、育成される環境を整備するための国、地方自治体、事業主及び国民の責務を明らかにし、そのための行動計画の策定を明示した。この点が、大きなポイントである。

　それぞれの市町村によって行動計画が策定され、子育て支援施策の内容と数値目標が掲げられている。子どもと家庭を取り巻く状況、保育のニーズの変化に合わせて、必要に応じて見直しを行う。

　この行動計画の策定は、次世代育成支援施策の計画的推進を国やすべての自治体に求めただけでなく、一般事業主（企業など）も義務をもつとされた。この行動計画に盛り込む内容は、育児休業を取得しやすくするための方策、子育て期間の残業時間の縮減、職場優先の企業風土を見直していくものである。

　公布当初は、行動計画策定義務があるのは従業員301人以上の事業主だっ

2005-2009年度　　　　　　　　2010-2014年度
写真3-1　自治体（高松市）の行動計画

たが、2009（平成21）年の改正では、これまで努力義務であった101〜300人の事業主も2011（平成23）年以降は義務になった。基準適合企業は、ホームページなどで認定企業として公開されている。

　また、「少子化社会対策基本法」は、これまでの少子化対策の基本的理念を明確にし、少子化に的確に対処する施策を総合的に推進するための法律として制定された。特に、保育サービスの充実や地域社会の子育て支援体制の整備などの項目では、子育て支援の枠組みとともに、幼稚園と保育所の連携強化と施設の総合化に配慮することも含まれている。

5）子ども・子育て応援プラン

　「少子化社会対策基本法」に基づき、2004（平成16）年、「少子化社会対策大綱」を閣議決定し、前述した自治体の行動計画を後押しする国家計画である、次の5か年計画「子ども・子育て応援プラン」（2005〜2009年）を策定して、子育て支援事業を推進した。

　また、2005（平成15）年、日本ではじめて少子化担当専任の大臣が誕生し

た。同時に、新しい少子化対策について検討する総理、全閣僚が参加する「少子化社会対策会議」、その下に「少子化社会対策推進会議」「少子化社会対策推進専門委員会」が設置された。

子ども・子育て応援プランの特徴は、子育てと仕事の両立を支援することによって少子化を食い止めようとするこれまでの保育政策だけでなく、就労支援全般の施策を積極的に行ったことである。女性の就労支援、両立できるような働き方の見直し（ワーク・ライフ・バランス）、育児負担感を軽減したり、子育て仲間をつくるための地域の子育て支援、若年世帯の経済的基盤を保障するための就労支援などが盛り込まれた。これにより、より子どもを産み育てやすい社会をめざす政策へと転換しようとした。

2007（平成19）年には、「仕事と生活の調和（ワーク・ライフ・バランス）憲章」「仕事と生活の調和推進のための行動指針」が策定され、関係大臣と有識者による「子どもと家族を応援する日本」重点戦略会議が開催されている。なお、2010（平成22）年には次の5か年計画「子ども・子育てビジョン」が決議された。

6）子ども・子育てビジョン

このような流れの中、なかなか政策や制度ができなかったのが、子ども施策である。

わが国は、長い間続いた自民党政権から民主党政権に政権交代した。政権交代直後の2009（平成21）年10月、内閣府の少子化対策担当の政務三役（大臣、副大臣、大臣政務官）で構成する「子ども・子育てビジョン（仮称）検討ワーキングチーム」を立ち上げ、有識者、事業者、子育て支援に携わる地方自治体の担当者等からの意見聴取や国民からの意見募集などを行い、2010（平成22）年1月29日に、少子化社会対策会議を経て、「子ども・子育てビジョン」（2010～2014年）が閣議決定された。

子ども・子育てビジョンの策定に当たっては、これまでの取り組みの評価として、施策の利用者の視点からの意向調査や、前計画の子ども・子育て応援プランに掲げられた数値目標の達成度などを踏まえた検討を行った。

子ども・子育てビジョンでは、「子どもが主人公（チルドレン・ファース

子どもと子育てを応援する社会

基本的な考え方

家族や親が子育てを担う《個人に過重な負担》 → 社会全体で子どもを支える《個人の希望の実現》
● 子どもが主人公(チルドレン・ファースト) ●〈少子化対策〉から〈子ども・子育て支援〉へ ●生活と仕事と子育ての調和

1 社会全体で子育てを支える	2 「希望」がかなえられる	
○子どもを大切にする ○ライフサイクル全体を通じて社会的に支える ○地域のネットワークで支える	○仕事、子育ての両立支援等 ○格差や貧困を解消する ○持続可能で活力ある経済社会が実現する	

3つの大切な姿勢

◎生命(いのち)と暮らしを大切にする　◎困っている声に応える　◎生活(くらし)を支える

目指すべき社会への政策4本柱と12の主要施策

1. 子どもの育ちを支え、若者が安心して成長できる社会へ
子どもを社会全体で支えるとともに、教育機会の確保を
- (1) 子ども手当の創設
  ・子ども手当の創設
- (2) 高校の実質無償化、奨学金の充実等、学校の教育環境の整備
  ・意欲を持って就業と自立に向かえるよう
- (3) 非正規雇用対策の推進、若者の就労支援(キャリア教育、ジョブ・カード等)
  ・社会生活に必要となることを学ぶ機会を
  ・学校・家庭・地域の取組、地域ぐるみで子どもの教育に取り組む環境整備

2. 妊娠、出産、子育ての希望が実現できる社会へ
安心して妊娠・出産できるように
- (4) 妊娠・出産に関する相談体制の整備(妊娠・出産、人工妊娠中絶等)
  ・早期支援体制の整備(妊娠・出産、人工妊娠中絶等)
  ・不妊治療に関する相談や経済的負担の軽減

誰もが希望する幼児教育と保育サービスを受けられるように
- (5) 潜在的な保育ニーズの充実も視野に入れた保育所待機児童の解消(余裕教室の活用)
  ・新たな次世代育成支援のための包括的・一元的な制度の構築に向けた検討
  ・幼児教育と保育サービスの充実、幼保一体化の推進、放課後児童クラブの充実(幼保一体化)
  ・放課後子どもプランの推進

子どもの健康と安全を守り、安心して医療にかかれるように
- (6) 小児医療体制の確保

ひとり親家庭の子どもが困らないように
- (7) ひとり親家庭の子どもの貧困対策の推進、生活支援、児童扶養手当の母子加算

特に支援が必要な子どもが健やかに育つように
- (8) 障害のある子どものライフステージに応じた一貫した支援の強化、家庭的養護の推進(ファミリーホーム等)の拡充等
  ・児童虐待の防止、家庭的養護の推進

3. 多様なネットワークで子育て力のある地域社会へ
子育て支援の拠点やネットワークの充実が図られるように
- (9) 乳児家庭全戸訪問事業(こんにちは赤ちゃん事業)等
  ・地域子育て支援拠点の整備促進
  ・ファミリー・サポート・センターの普及促進
  ・商店街の空き店舗活用による地域子育て活動の支援
  ・特定非営利活動法人等の地域子育て活動の支援

良質な住まいやまちの中で安心・安全にくらせるように
- (10) 良質な賃貸住宅の供給促進
  ・子育てバリアフリーの推進(段差の解消、子育て世帯にやさしいトイレの整備等)
  ・交通安全教育の推進(幼児二人同乗用自転車の安全利用の普及等)

4. 男性も女性も仕事と生活が調和する社会へ(ワーク・ライフ・バランスの実現)
働き方の見直しを
- (11) 「仕事と生活の調和(ワーク・ライフ・バランス)憲章」及び「行動指針」に基づく取組の推進
  ・長時間労働の抑制及び年次有給休暇の取得促進
  ・テレワークの推進
  ・男性の育児休業の取得促進(パパ・ママ育休プラス)
  ・次世代育成支援対策推進法の周知・取組促進

仕事と家庭が両立できる職場環境の実現を
- (12) 育児休業・短時間勤務等の両立支援制度の定着
  ・一般事業主行動計画(くるみん)の実効・公表の促進
  ・次世代認定マーク(くるみん)の周知・取得促進
  ・入札手続における対応の検討

第3章 子育て家庭への支援体制　49

主な数値目標等

安心できる妊娠と出産
- NICU（新生児集中治療管理室）病床数（出生1万人当たり）
  [現状] 21.2床 ⇒ [2014年目標値] 25〜30床
- 不妊専門相談センター
  55 都道府県 ⇒ 全都道府県・指定都市・中核市

地域の子育て力の向上
- 地域子育て支援拠点事業
  [現状] 7,100か所（市町村単独分含む） ⇒ [2014年目標値] 10,000か所
- ファミリー・サポート・センター事業
  570市町村 ⇒ 950市町村
- 一時預かり事業（延べ日数）
  348万日 ⇒ 3,952万日
- 商店街の空き店舗の活用による子育て支援
  49か所 ⇒ 100か所

潜在的な保育ニーズにも対応した保育所待機児童の解消
- 平日日間の保育サービス（認可保育所等）（3歳未満児の保育サービス利用率）
  [現状] 215万人（75万人／24%） ⇒ [2014年目標値] 241万人（102万人／35%）
- 延長等の保育サービス
  79万人 ⇒ 96万人
- 病児・病後児保育（延べ日数）
  31万日 ⇒ 200万日
- 認定こども園
  358か所 ⇒ 2,000か所（H24）
- 放課後児童クラブ
  81万人 ⇒ 111万人

男性の育児参加の促進
- 週労働時間60時間以上の雇用者の割合
  [現状] 10% ⇒ [2014年目標値] 半減 ＊参考指標
- 男性の育児休業取得率
  1.23% ⇒ 10%（H29） ＊参考指標
- 6歳未満の子どもをもつ男性の育児・家事関連時間（1日当たり）
  60分 ⇒ 2時間30分（H29） ＊参考指標

社会的養護の充実
- 里親等委託率
  [現状] 10.4% ⇒ [2014年目標値] 16%
- 児童養護施設等における小規模ケア
  446か所 ⇒ 800か所

子育てしやすい働き方と企業の取組
- 第1子出産前後の女性の継続就業率
  [現状] 38% ⇒ [2014年目標値] 55%（H29） ＊参考指標
- 次世代認定マーク（くるみん）取得企業数
  652企業 ⇒ 2,000企業

図3-5 子ども・子育てビジョン概要
出典：「平成23年度版 子ども・子育て白書」

注：上の表中、ビジョン策定時に得られた最新の数値を「現状」として記載。

ト)」であると位置付け、少子化対策から子ども子育て支援へ、生活と仕事と子育ての調和という考え方に大きく舵を切った。これに従い、社会全体で子どもと子育てを応援する社会の実現をめざすために、5年間の施策内容と数値目標が示されたのである。この中核に位置づけられているのが、幼保一元化を含む新たな次世代育成支援のための包括的・一元的な制度の構築である。

これまで、少子化対策しか見えなかった(見てこなかった)わが国の取り組みだったが、ようやく子どもの育ちと子育ての両方をターゲットにした政策の方向性が打ち出され始めた。

(2) ワーク・ライフ・バランス

1999 (平成11) 年に施行された「男女共同参画社会基本法」に基づき、2000 (平成12) 年には男女共同参画基本計画が策定された。この計画では、男女共同参画社会を形成するために必要な11の重点目標を掲げており、その一つに、「男女の職業生活と家庭・地域生活の両立の支援」がある。

そこには、「男性も女性も家族として責任を担い、また、社会がこれを支援していくことが重要となっている。特に、男性については、従来の職場中心の意識・ライフスタイルから職場・家庭・地域のバランスのとれたライフスタイルへの転換が求められている」とある。

子育て支援が、従来のような保育所施設の充実を図るだけでは解消しない。そのことが国の方もようやく分かってきたのか、2002 (平成14) 年に厚生労働省が発表した「少子化対策プラスワン」では、これまでの保育サービスなどの充実に加え、「男性を含めた働き方の見直し」を取り組みの課題に掲げたのである。

すでに前述したが、これを受けて、2003 (平成15) 年には「次世代育成支援対策推進法」が制定され、地方自治体には、地域における子育て支援、仕事と家庭の両立支援などに関する計画、企業などには、育児休業を取得しやすくするための方策、子育て期間の残業時間の縮減、職場優先の企業風土を見直していくものに関する計画の策定が義務付けられた。

現在、具体的な取り組みを始めて10年が経とうとしているが、仕事と家庭

生活の両立は実現してるのだろうか。とりわけ、男性の育児休業を取得率は極端に低く、男性の働き方の見直しは、決して進んでいるとは言えない。仕事と生活のバランスがとれていないだけでなく、相変わらず、女性が子育てを担う割合が圧倒的に大きい。

子育て支援施策は、男女共同参画施策そのものであり、私たちの社会も早急に男女共同参画社会の実現に向けて進んでいかないといけない。しかし、生き方や働き方の改革は進んでいるとはいえないのが現実である。これからの日本社会において、大きな課題になっているといえる。

(3) 父親の育児参加
1) 子育て世代の男性の労働状況

戦後の日本社会の産業労働と家族の構造を見つめなおしてみる。

1940年代後半の日本社会において、最大の産業労働人口を抱えていたのは農業であった。多くの人が農業従事者だった。また、商工自営業人口も、かなりの数を占めており、ほどんどは農業などの家族従事者や自営業者で、それに対して、雇用者人口はまだ少なかった。こうした産業における労働力は、男性に限定されることはなく、男性女性とも生産労働の基軸を担っていた。

同時に、家族従事者や自営業者の多い社会の家族形態は、当然のことながら、多くは三世代同居所帯であり、核家族は少数派であった。このような三世代同居所帯では、子育ても家族全体で関わり、地域住民の子どもを見る目も十分に機能していた。しかし、1960年代を通じた急激な経済成長とそれに伴う人口の都市集中は、労働や家族関係が大きく変容した。

このような変化の中で、子どもたちの「父親像」も大きく変わっていった。父親が家庭の中で「空気みたいな存在」と言われて久しいが、1975（昭和50）年から1990（平成2）年前半にかけて、週60時間以上労働している男性の数は急増している。年齢別・就業時間が週60時間以上の男性雇用者の割合を見てみると、1990年後半に減少しているものの、とりわけ、子育て期にある30代男性については、5人に1人が週60時間以上の就業となっており、他の年代に比べ最も高い水準となっている。

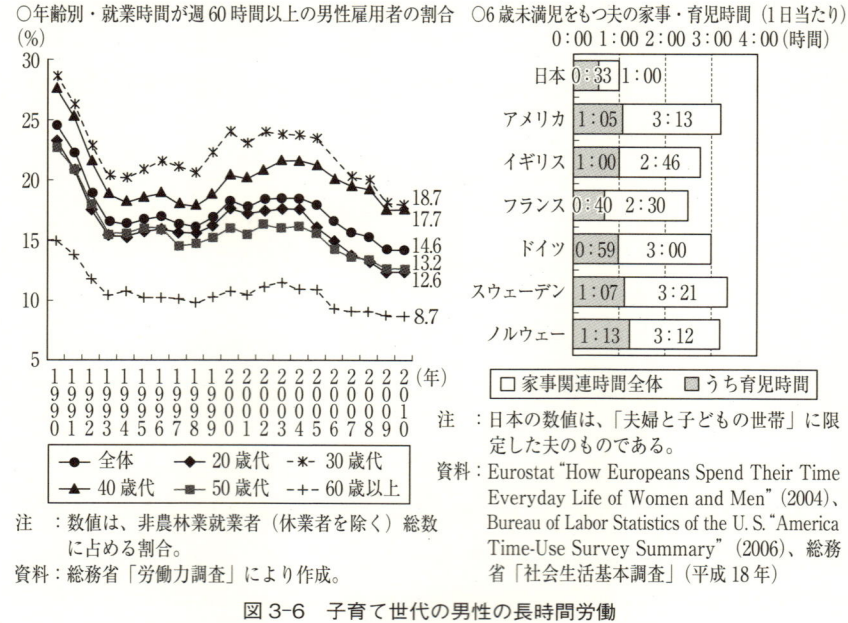

○年齢別・就業時間が週60時間以上の男性雇用者の割合 ○6歳未満児をもつ夫の家事・育児時間（1日当たり）

図3-6 子育て世代の男性の長時間労働
出典：「平成23年度版 子ども・子育て白書」

　また、育児時間を国際比較してみると、6歳未満の子どもをもつ夫の育児時間は、1日平均約30分程度しかなく、欧米諸国と比較して半分程度となっている。家事の時間を加えても、わが国の子育て期の夫の家事・育児にかける時間は、1日平均1時間程度と、男性の育児参加が進んでいないことが分かる。
　それは、子育て期にある30代から40代の男性たちが、最も長時間労働にさらされている状況とも関係している。父親の育児参加を妨げている「男性の働き方の改革」は、男女共同参画社会や子育てしやすい社会をめざす上で、喫緊の課題だといえる。

2）長時間労働の弊害

　子育て世代の男性の長時間労働という問題は、家庭にとっても大きな影響を与える。何よりもまず、男性の育児参加が疎外されるということがある。これは、核家族では、夫婦間の性別役割分業意識の問題にもつながり、女性が一方

的に育児を分担するという構図を生み出しやすい。

　かつてのように身近な支援がある時代ではなく、核家族が主流になった近年では、夫が育児に協力しないことへの不満が、育児によって母親を孤立させ、いわゆる育児ストレスを生み出す大きな原因になっている。

3）圧倒的に少ない男性の育児休業取得

　1999（平成11）年、少子化対策の一環として、厚生省（現：厚生労働省）は「育児をしない男を、父とは呼ばない」という衝撃的なキャッチコピーで、父親の育児参加を促すキャンペーンを行った。合計特殊出生率が過去最低を記録した「1.57ショック」（1989年）から10年経っていたが、それまで繰り返されてきた父親の育児参加の議論に対し、分かりやすいメッセージが必要だったのだ。

　しかし、この衝撃的なキャッチコピーの出現もむなしく、社会全体としては、父親の育児参加はそれほど進んでいないのが現状である。著者が議員を務めた香川県高松市においては、2010（平成22）年当時、市役所内の職員の育児休業取得率は、女性職員が100％に近いのに対し、男性職員は1％にも満たない状況であった。男性職員の育児休業取得率を10％にする目標を掲げていたが、その実現には長い道のりが必要である。

　その頃から、「イクメン（育児をする男性）」ということばが出てきたが、公的な職場がこのような状況の中、経済状況が悪くなるにつれて、民間企業における育児休業取得は、制度はあっても取得できないというさらに困難な状況にある。

　最近では、子育て世代の男性首長（都道府県知事や市町村長）も増えたことから、首長が率先して育児休業を取得するようになった。これには賛否両論はあったが、首長自ら育休宣言し、育休を取得することによって、役所の職員や県民・市民に対し、「パパも育児をしよう」という考えが浸透し、自らの育児体験が施策に活かされるなどの相乗効果を生んでいることは評価できることだ。

　今後は、男性が育児休業を取得しにくい現状をどのように改善していくのか、社会全体で考える必要がある。

4）働き方の見直しは進むのか

　両立支援は、女性の働き方にのみ語られることが多いが、男女共同参画の考え方や雇用機会均等の視点からいえば、男性の働き方の見直しがより重要であることが、これまで述べてきたことからも明らかである。

　わが国は、「男性も女性も家族として責任を担い、また、社会がこれを支援していくことが重要となっている。特に、男性については、従来の職場中心の意識・ライフスタイルから職場・家庭・地域のバランスのとれたライフスタイルへの転換が求められている」といった、個人の働き方に配慮したワーク・ライフ・バランスへの取り組みが重要な課題としながらも、改革へ向けた速度は非常に遅い。

　これまで見てきたように、「次世代育成支援対策推進法」の成立によって、次世代育成支援施策に企業を巻き込み、事業主に対して、労働者の雇用環境のみならず生活環境への責任、さらには社会に対しての責任を問うようになったことは一歩前進であると考える。

（4）地域の子育て家庭への支援
1）子育て家庭を地域で支える

　乳幼児期の子どもの居場所を考えると、0歳児では、ほとんどが家庭内で親や養育者に育てられている。1、2歳になると保育所の利用者も増えるが、0～2歳児全体では約8割が家庭において育児が行われている。

　このような観点から、すでに述べた「子ども・子育て応援プラン」では、親が働いている家庭が利用する保育所の整備だけでなく、働いている、いないに関係なく、子育て家庭を地域で支え、孤立した育児をなくしていくための支援が重点内容に盛り込まれた。「ひとりぼっちの子育てをしなくてもいい。私には仲間がいて、応援してくれる人がいる」と思える、地域ぐるみの見守りの中で、親も子どもも育っていける。

　具体的には、①親と子の育ちを地域で支え、家庭の中だけでの孤独な子育てをなくしていく（つどいの広場事業、地域子育て支援センター事業、一時・特定保育、子育て支援事業、子育て短期支援事業〈ショートステイ事業、トワ

イライトステイ事業〉)、②就学前教育（幼稚園の幼児教育センター機能、幼稚園就園奨励事業、幼保一元化)、③地域住民による主体的な子育て支援の促進（ファミリーサポートセンター、シルバー人材センター、子育てNPOや子育てサークル）などが含まれている。

今後、さらに、多様なネットワークで子育て力のある地域社会をめざし、地域における子育て支援の拠点等の整備及び機能の充実を図ることが求められる。以下に紹介する。

① 乳児の全戸訪問等（こんにちは赤ちゃん事業等）

産後の母親の引きこもりを未然に防ぐ目的で、2006年に国の施策として始まったのが、こんにちは赤ちゃん事業である。乳児家庭の孤立化防止や養育上の諸問題への支援を図るため、産後4か月までの赤ちゃんのいる家庭をすべて訪問し、子育て支援に関する情報提供や養育環境等の把握、相談助言などを行う。2010（平成22）年7月現在、1,561市区町村で実施されている。

さらに、養育支援が特に必要な家庭に対して、訪問による養育に関する相談、指導・助言等の支援を行う、養育支援訪問事業もあり、2010（平成22）年7月現在、1,041市区町村で実施されており、子育て家庭に対する切れ目のない支援を行っている。

② 地域子育て支援センター

地域の身近な場所に子育て家庭に対する育児支援を行う拠点として、保育所等において、育児相談や育児サークルへの支援、子育てに関する研修・講演会の開催など、地域の子育て支援の積極的な役割を果たすことがよりいっそう求められている。

③ つどいの広場事業

つどいの広場事業は、2002（平成14）年度の厚生労働省の新規事業として始まった。おおむね3歳未満の乳幼児とその親が気軽につどい、相談、情報交換、交流などを行う。2006（平成18）年度で、全国で700か所程度まで規模が拡大した。

その背景から、つどいの広場の特徴が見える。それは、多様な担い手による設置場所の自由度の高さである。市町村の事業として、市町村から委託を受け

たNPO法人などが、行政の施設や空き店舗、ショッピングセンターなどを活用して身近な場所に設置するのが大半で、広く市民に開かれた事業になっている。

2007（平成19）年度からは、②で述べた保育所等で実施されている「地域子育て支援センター事業」とともに再編され、児童館等での実施も含め、「地域子育て支援拠点事業」となった。これは、より地域の身近な場所で整備していくということから、中学校区に1か所の整備をめざしてのことである。

④　ファミリー・サポート・センター

地域の中に子どもを預かって欲しい人と、子育てをお手伝いしたい人とをつなぐ仕組みを作りたい——そんな思いのもと、全国の自治体ごとに立ち上げられている。略して、「ファミサポ」と呼ばれる地域の会員制預かり合いシステムである。

自治体の直営と、社会福祉協議会やNPO法人等が運営している場合とがある。0歳から小学校卒業（12歳）までの子どもがいる家庭が預かりを依頼する「依頼（おねがい）会員」、子どもを預かることで子育てを応援したいと専用の養成講座を受講終了した人を「提供（まかせて）会員」と呼ぶ。提供（まかせて）会員は、全講座修了と同時に会員登録をする。預かりの理由を限定しないことが原則で、自宅で子どもを預かることができる。

⑤　学童期の放課後を地域でサポート（放課後児童クラブ・子ども教室）

子育て支援は乳児や幼児だけではない。小学生に対する支援として古くから行われているものに、放課後児童クラブ、いわゆる学童保育がある。親が働いているなどで、放課後家に帰っても誰もいない小学生のための放課後の居場所としてつくられ、児童福祉の側面から自治体が事業展開してきた。1998（平成10）年には、「児童福祉法」の改正に伴い、「放課後児童健全育成事業」として法律の中に位置付けられた。

一方、近年、子どもに対する事故や犯罪の増加に伴い、親が働いている、いないにかかわらず、すべての小学生の問題として子どもの安全な遊び場の確保が求められるようになった。そこで登場したのが、学校の校庭等を開放し、居場所を確保する事業が「放課後子ども教室推進事業」で、2004（平成16）年

表 3-2 放課後児童クラブと放課後子ども教室について

	放課後児童健全育成事業（放課後児童クラブ）	放課後子ども教室推進事業
趣旨・対象	共働き家庭の児童（小学校おおむね1～3年生）を対象として、放課後等に適切な遊びや生活の場を提供【「児童福祉法」第6条の2第2項に規定】	すべての子どもを対象として、安全・安心な子どもの居場所を設け、地域の方々の参画を得て、学習やスポーツ・文化活動、地域住民との交流活動等の取組を推進
20年度予算額	186.9億円（20,000か所分）	77.7億円（15,000か所分）
補助率	1/3（国、都道府県、市町村がそれぞれ負担）※別途保護者（利用料）負担あり	1/3（国、都道府県、市町村がそれぞれ負担）
補助基準額（20年度）	運営費：481.6万円（児童36人～70人の場合）創設費：1,250万円、改修費：700万円、備品費：100万円	運営費：文部科学大臣が認めた額（執行上、制限無し）備品費：文部科学大臣が認めた額（執行上、制限無し）
指導員等	放課後児童指導員（専任）を配置	地域の大人、退職教員等を安全管理員、学習アドバイザー等として配置
実施場所	学校内（余裕教室）28.5%　学校内（専用施設）19.8%　児童館　14.9%　専用施設　10.7%　既存公的施設　9.1%　その他（民家、保育所等）17.0%（平成20年5月）	小学校　67%　公民館　12%　児童館　5%　その他　16%（集会所、文化センター、公園など）（平成19年度）
実施か所数	17,583か所（平成20年5月）〔対前年898か所増〕	7,821か所（平成20年度《予定》）
利用児童数	登録児童数 約79万人（平成20年5月）〔対前年4.5万人増〕	年間延べ参加児童数　2,110万人・1教室当り年間平均参加児童数　2,550人・1回当り参加児童数　30.6人（平成18年度）
実施形態等	原則として年間250日以上開所（夏休み等の長期休暇や必要に応じて土曜日も開所）	概ね年間を通じて断続的・単発的に実施（平成20年度は1か所あたり平均126日）

※平成18年度の数値は、地域子ども教室推進事業の実施状況
出典：厚生労働省社会保障審議会少子化対策特別部会　第1次報告　2009

趣旨・目的

「放課後子どもプラン」の推進について（平成19年3月14日文部科学省生涯学習政策局長・厚生労働省雇用均等・児童家庭局長連名通知）

○ 各市町村において、教育委員会が主導して、福祉部局と連携を図り、原則としてすべての小学校区で、放課後等の子どもたちの安全で健やかな居場所づくりを進め、「放課後子ども教室推進事業」（文部科学省）と「放課後児童健全育成事業」（厚生労働省）を一体的あるいは連携して実施する総合的な放課後対策（放課後子どもプラン）を推進

1.「放課後子どもプラン」の定義
○ 市町村が策定する「事業計画」と同計画に基づく「放課後対策事業」
（放課後子ども教室推進事業・放課後児童健全育成事業）の総称

2. 実施主体
○ 事業計画の策定主体：市町村
○ 事業の実施主体：市町村、社会福祉法人、特定非営利活動法人他

3. 事業経費
○ 国において、二つの事業を「放課後子どもプラン推進事業」として、交付要綱等を一本化し、都道府県・指定都市・中核市に交付
○ 都道府県においても、国に準じて交付要綱等を一本化し、国・市町村との事務手続を基本的に教育委員会が一括して処理

4. 事業計画の策定
○ 市町村は、教育委員会と福祉部局の具体的な連携方策、21年度までの「放課後子どもプラン推進事業」の小学校区単位の実施計画等を盛り込んだ事業計画策定に努めることとする。
○ また、本事業計画が、次世代育成支援行動計画の内容を前倒しして実施するもの等であっても、行動計画の変更は必ずしも必要としない。

5. 都道府県の体制、役割等
○ 都道府県は、実施主体である市町村において円滑な取組促進が図られるよう、以下の支援を実施
・行政、学校、社会教育、福祉の各関係者及び学識経験者等で構成される「推進委員会」を設置し、プランの実施方針、指導者研修の企画、事後検証・評価等、域内におけるプランの総合的な在り方を検討
・コーディネーター、安全管理員、放課後児童指導員等の事業関係者の資質向上や情報交換・情報共有を図るための研修の合同開催
・基本的に教育委員会が主管部局となるが、都道府県の実情に応じて福祉部局が主管部局となっても差し支えない。
・主管部局は、推進委員会事務局、補助申請事務等の業務を行うに当たり、福祉部局（又は教育委員会）と緊密な連携を図る。

6. 市町村の体制、役割等
○ 市町村は、行政、学校、放課後児童クラブ、社会教育、児童福祉、PTAの各関係者及び地域住民等で構成される「運営委員会」を設置し、事業計画、活動プログラムの企画、事後検証・評価等を検討
○ 基本的に教育委員会が主管部局となるが、市町村の実情に応じて福祉部局が主管部局となっても差し支えない。
○ 主管部局は、運営委員会事務局、補助申請事務等の業務を行うに当たり、福祉部局（又は教育委員会）と緊密な連携を図る。

7. 市町村における事業の実施
○ 余裕教室の利用や小学校敷地内での実施を基本とし、体育館、保健室等の学校諸施設の弾力的な活用に努めることとするが、現に公民館や児童館で小学校外で事業を実施している、余裕教室が無いなどの場合に、地域の実情に応じて小学校外で実施しても差し支えない。
○ 各小学校区毎に、学校や関係機関・団体等との連絡調整、活動プログラムの企画・策定等を行うコーディネーターを配置
○ 学習活動やスポーツ・文化活動、地域住民との交流活動等の様々な活動機会の提供や、放課後児童クラブ対象児童に対する現行水準と同様のサービス（適切な指導員の配置、専用のスペースの確保等）の提供

図3-7　「放課後子どもプラン」の基本的考え方【要旨】
出典：厚生労働省社会保障審議会少子化対策特別部会　第1次報告　2009

から始まった。

しかし、国の縦割り行政（放課後児童クラブは厚生労働省、放課後子ども教室は文部科学省が所管）の関係で、似たような事業だが、目的や運営方法に違いがあり、放課後の子どもたちに対する支援としては課題である。現在、それぞれの省が連携し、これらの事業をつなげていく「放課後子どもプラン」がスタートしている。

2） 地域の子育て支援の課題

0〜2歳の子どもたちは8割が家庭で育てられている。しかし、核家族で、転勤などの多い子育て家庭にとって、地域との関係づくりや仲間づくりが従来ほど簡単にはできない状況がある。また、子どもの世話をした経験をもたずに親になる人も多く、はじめての子育てに戸惑い、その不安やつらさを相談する相手もいないことが課題となっている。

そのため、はじめての子育て家庭に支援者側が出向いていくような家庭訪問事業や地域子育て支援センター、親自身のリフレッシュや学習のための一時預かりなどの事業のいっそうの拡充が求められている。さらに、すべての子育て家庭に支援サービスを届けるためにNPOなど市民の力を活かし、親自身が子どもを育てることに誇りをもてる社会づくりのための啓発活動を行うことなどが期待されている。

3） 協働の重要性

子育て支援の運営は、以前であれば、行政サービスとして役所が一手に担っていた。当然、支援を受ける側も何かあれば役所にすべてを求めていた。

しかし、本格的に子育て支援が実施されるようになってきた現在、子育て支援が、行政が実施する単独の取り組みから、行政を中心に関係機関、NPO、市民等が手を取り合い、連携・協力して取り組まれるようになってきた。これからの時代は何でもかんでも行政が行うのではなく、このような取り組みが大事になっていく。これが「協働」である。

市民の参画なしでは、現代の膨大で多様な課題を解決していくことは不可能である。こうした公共の担い手として、NPOなどの市民活動が加わり、地域に暮らす人々の多様なニーズを把握し、課題解決を行うといった流れは「新し

写真 3-2

い公共」と呼ばれている。

　このような動きは、福祉・環境・まちづくりなどの多くの分野で広がっているが、子育ての分野においてもその動きは活発になってきた。近年では、子ども・子育て関係のNPOも増え、行政や関係機関とパートナーシップを形成し、つどいの広場等の運営をはじめ、当事者の視点に立った取り組みがなされている。高松市における取り組み事例では、子育てに関するすべての情報をひとまとめにして情報発信する事業の作成・運営を地元の子育てNPOである「NPO法人わははネット」に委託し協働で行った。「たかまつ子育て情報サイト　らっこネット」（楽しく子育ての「楽」と「子」をとって、らっこネット）というかたちで、とても充実した内容の冊子とweb上（http://takaMatsu-rakko.net/）で情報発信をしている。

　このような取り組みは、行政だけではできない部分、見落としていた部分を当事者の視点に立って活動している市民と一緒に事業を行うことで、お互いが理解し合い、学びあう。これが意識改革にもつながり、市民社会が成熟する第一歩につながると考えられる。

（5）これからの多様な子育て家庭支援に向けて

　こうして書いている間にも、子育て支援制度の新しい動きが出てきた。幼稚園と保育所の一体化を柱に2013（平成25）年度に始まるこども園を新設する内容の政府案が、関係閣僚会議でまとまったとのことだ（朝日新聞2011年7月28日）。待機児童の解消をめざして保育サービスを拡充、株式会社やNPO等さまざまな事業者の参入も促す方向で、2012年の国会に関連法案が提出されるようだ。このような動きから、今後は、多様な子育てニーズに応じた制度設計が進んでいくのだろう。

　しかし、世界に目を向けると、図3-8で分かるように、国が子どもや子育

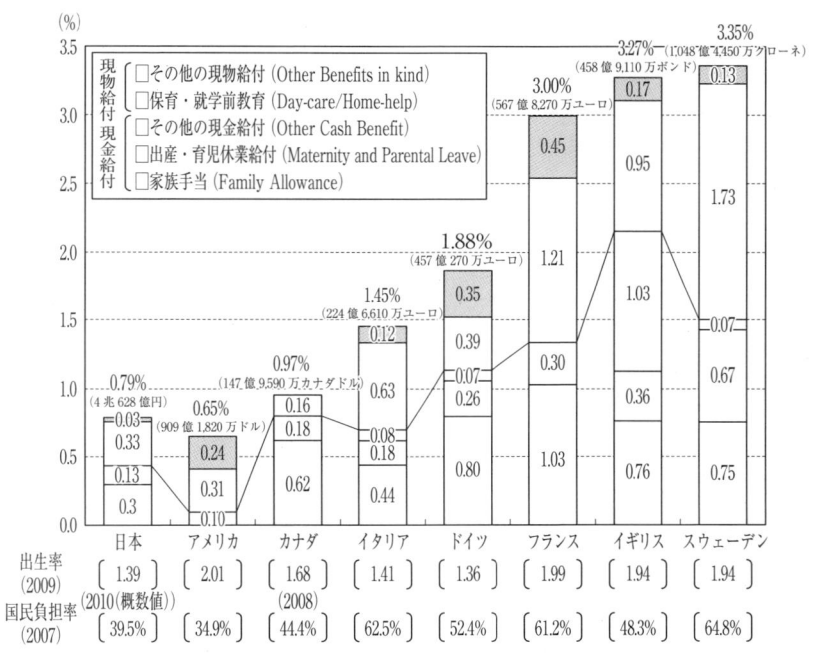

図 3-8　家庭支援費が GDP（国内総生産）に占める割合の比較（2007 年）
出典：「平成 23 年度版 子ども・子育て白書」

てに対して行う社会的な支援は、他の先進国に比べて非常に低い。高齢者への支援と比較しても、相当手薄い状況にある。日本は 0.79％であるのに対して、フランスは 3.00％、イギリスは 3.27％、スウェーデンは 3.35％と、日本の 5 倍ものひらきがある。

　ここでは、各国の詳細な支援策は述べないが、家庭支援が日本とは比べものにならないほど「公共的」である。わが国のように、「少子化対策」「子育て支援」がおもな施策というよりも、割合が高い国の支援策は、早くから「家族支援」をとっていたと言えるのではないだろうか。しかし、ヨーロッパ並みの家庭支援策を同じように日本で行うには、財政的負担について国民のコンセンサ

スを得るのは難しいのも事実である。そこを少しでも補うために、前述したように、市民参加をはじめとし、多様な担い手によって、多様なニーズを解決していく道を探っていくしかないだろう。

　今後、産む数を増やす政策から、子どもを育てる・子どもが育つための政策へ、そして、子どもだけでなく親をも支援する家族支援へと大きく舵を切っていかなければいけない。親の就労の有無によって支援サービスが決まるのではなく、子どもに焦点を当てた支援がなされる必要がある。現在、協議され、進められようとしている「子ども・子育て新システム」にあるように、保育制度改革を含む新たな次世代育成支援のための包括的・一元的な制度の構築が急がれる。

参考文献
柏女　霊峰『現代児童福祉論』誠信書房　2004 年
大豆生田 啓友他編『よくわかる子育て支援・家族援助論』ミネルヴァ書房　2008 年
柏女　霊峰『子ども家庭福祉論』誠信書房　2009 年
杉山　千佳『はじめよう！子育て支援・次世代育成支援』日本評論社　2009 年
白井　千晶・岡野　晶子編『子育て支援制度と現場』新泉社　2011 年
内閣府『平成 23 年度版 子ども・子育て白書』2011 年
厚生労働省社会保障審議会少子化対策特別部会　第 1 次報告　2009 年

第4章

多様な支援の展開と関係機関との連携

第1節　子育て支援サービスの概要

　少子化対策として子育て支援が重視されている。本節では子育て支援サービスの根拠規定や主要なサービスについて概観する。

（1）「次世代育成支援対策推進法」

　「次世代育成支援対策推進法」は2015（平成27）年3月までの10年間の時限立法である。わが国における急速な少子化の進行並びに家庭及び地域を取り巻く環境の変化にかんがみ、次世代育成支援対策に関し、基本理念を定め、並びに国、地方公共団体、事業主及び国民の責務を明らかにするとともに、行動計画策定指針並びに地方公共団体及び事業主の行動計画の策定その他の次世代育成支援対策を推進するために必要な事項を定めることにより、次世代育成支援対策を迅速かつ重点的に推進し、もって次代の社会を担う子どもが健やかに生まれ、かつ、育成される社会の形成に資すること（1条）を目的としている。

　本法は次世代育成支援対策交付金の交付について定めている。次世代育成支援対策交付金交付要綱によれば、この交付金は予算の範囲内において交付され、対象事業は乳児家庭全戸訪問事業（こんにちは赤ちゃん事業）、養育支援訪問事業、ファミリー・サポート・センター事業、子育て短期支援事業、延長保育促進事業、その他の事業とされている。

（2）「子どもと家族を応援する日本」重点戦略

　2007（平成19）年に設置された「子どもと家族を応援する日本」重点戦略検討会議は、内閣官房長官を議長とし少子化問題について検討し、同年末に「重点戦略」を取りまとめた。仕事と生活の調和の実現と希望する結婚や出産・子育ての実現を支える給付・サービスの社会的なコストの推計として、「すべての子どもの健やかな育成の基盤となる地域の取組」では、関連社会支出額約 4,500 億円に対して、追加的に必要となる社会的コストは 1,800 億円と見込んでいる。これには、地域の子育て基盤となる取組の面的な推進として、ア．望ましい受診回数（14回）を確保するための妊婦健診の支援の充実・全市町村で生後4か月までの全戸訪問を実施、イ．全小学校区に面的に地域子育て支援拠点を整備・全小学校区で放課後子ども教室を実施（「放課後子どもプラン」）という内容を含んでいる。

　また、「包括的な次世代育成支援の枠組みの構築」では、次のような「新たな枠組みの構築の必要性」が謳われている。

1) すべての子どもの健やかな育成を支える対個人給付・サービス
① すべての子育て家庭に対する一時預かり制度の再構築として、すべての子ども・子育て家庭に対するサービスとして機能するよう事業を再構築し、一定水準のサービス利用を普遍化
② 子育て世帯の支援ニーズに対応した経済的支援の実施として、子育て世帯の支援ニーズに対応し、現金給付と税制を通じて総合的に経済的支援を実施

2) すべての子どもの健やかな育成の基盤となる地域の取組
① 妊婦健診の支援の充実として、望ましい受診回数を確保するための支援の充実
② 各種の地域子育て支援の面的な展開と当事者主体の取組の重視として、全市町村で生後4か月までの全戸訪問を実施、小学校区すべてに地域子育て支援拠点を面的に整備
③ 安全・安心な子どもの居場所の設置として、全小学校区における放課後子ども教室の実施（「放課後子どもプラン」）

④　家庭的な環境における養護の充実など適切な養育を受けられる体制の整備として、家庭的な環境における養護の充実、施設機能の見直しなど

（3）子ども・子育てビジョン—子どもの笑顔があふれる社会のために—

「少子化社会対策基本法」7条の規定に基づく「大綱」として、2010（平成22）年1月29日「子ども・子育てビジョン—子どもの笑顔があふれる社会のために—」が閣議決定された。

そのうち「多様なネットワークで子育て力のある地域社会へ」では、子育て支援の拠点やネットワークの充実が図られるように地域における子育て支援の拠点等の整備及び機能の充実を謳っている。次のようなものである。

1) 地域子育て支援拠点の設置促進：子育て家庭等の育児不安に対する相談・指導や、親子が気軽に集うことのできる場を提供するなどの地域の子育て支援拠点（ひろば型、センター型、児童館型）の設置を促進する。
2) ファミリー・サポート・センターの普及促進：乳幼児や小学生等の児童を有する子育て中の労働者や主婦等を会員として、送迎や放課後の預かり等の相互援助活動を行うファミリー・サポート・センターの普及促進を図る。病児・病後児の預かりや送迎等の取組についても普及を図る。
3) 一時預かり、幼稚園の預かり保育：就労形態の多様化に対応する一時的な保育や、専業主婦家庭等の一時的に子育てが困難となる際の保育等に対応する一時預かりサービスを拡充するとともに、幼稚園の預かり保育を推進する。
4) 商店街の空き店舗や小中学校の余裕教室や幼稚園等の活用：商店街の空き店舗や小中学校の余裕教室や幼稚園等を活用し、地域における子育て支援や親子交流等の機能を担う場の設置を促進する。
5) 子育て総合支援コーディネーター：子育て家庭が適切なサービスを選択し利用できるように、市町村における子育て支援総合コーディネート機能の充実を図る。

また、地域住民の力の活用・民間団体の支援・世代間交流の促進を挙げている。

6) NPO活動等の地域子育て活動の支援：地域子育て創生プロジェクト（安心こども基金）の活用等により、子育て支援活動を行うNPOや育児・子育てサークル等の設立支援や養成、ボランティアの育成などを行い、子育て支援活動に対する地域の多様な活動を支援する。

（4）「児童福祉法」に定める事業

「児童福祉法」は21条の9で子育て支援事業について規定している。子育て支援事業は、放課後児童健全育成事業、子育て短期支援事業、乳児家庭全戸訪問事業、養育支援訪問事業、地域子育て支援拠点事業及び一時預かり事業のほか、児童及びその保護者又はその他の者の居宅において保護者の児童の養育を支援する事業・保育所その他の施設において保護者の児童の養育を支援する事業・地域の児童の養育に関する各般の問題につき保護者からの相談に応じ必要な情報の提供及び助言を行う事業がある。

市町村は、子育て支援事業に係る福祉サービスその他地域の実情に応じたきめ細かな福祉サービスが積極的に提供され、保護者が、その児童及び保護者の心身の状況、これらの者の置かれている環境その他の状況に応じて、当該児童を養育するために最も適切な支援が総合的に受けられるように、福祉サービスを提供する者又はこれに参画する者の活動の連携及び調整を図るようにすることその他の地域の実情に応じた体制の整備に努めなければならない（法21条の8）。また、市町村は、児童の健全な育成に資するため、その区域内において、子育て支援事業が着実に実施されるよう、必要な措置の実施に努めなければならない（法21条の9）。市町村は子育て支援事業に関し必要な情報の提供を行うとともに、保護者から求めがあったときは、当該保護者の希望・その児童の養育の状況・当該児童に必要な支援の内容その他の事情を勘案し、保護者が最も適切な子育て支援事業の利用ができるよう相談に応じ必要な助言を行う（法21条の11）。市町村は、助言を受けた保護者から求めがあった場合には、必要に応じて、子育て支援事業の利用についてあっせん又は調整を行うとともに、子育て支援事業を行う者に対し利用の要請を行う（同条2項）。

1）放課後児童健全育成事業（法34条の7）など

　放課後児童健全育成事業とは、小学校に就学しているおおむね10歳未満の児童であって、その保護者が労働等により昼間家庭にいないものに、政令で定める基準に従い、授業の終了後に児童厚生施設等の施設を利用して適切な遊び及び生活の場を与えて、その健全な育成を図る事業である（法6条の2第2項）。市町村は、児童の健全な育成に資するため、地域の実情に応じた放課後児童健全育成事業を行うとともに、放課後児童健全育成事業を行う者との連携を図る等により、児童の放課後児童健全育成事業の利用の促進に努めなければならない（法21条の10）。なお、「放課後児童健全育成事業の実施について」（2001（平成13）年12月20日雇児育発第114号厚生労働省雇用均等・児童家庭局育成環境課長通知）では、小学校4年生以上の児童の積極的な受け入れについて配慮することとされている。2010（平成22）年現在、小学校4年生以上の利用者が1割以上いる。

　厚生労働省雇用均等・児童家庭局育成環境課調べの「放課後児童健全育成事業（放課後児童クラブ）の実施状況」（2010（平成22）年5月1日現在）では下記のような実施状況となっている。

　クラブ数は対前年で1,467か所増加の1万9,946か所に、登録児童数は対前年で6,582人増加の81万4,439人となった。放課後児童クラブのある市町村は1,580、全市町村に対する割合は90.3％（対前年比同1.0ポイント増）であった。実施場所の状況は、学校の余裕教室と学校敷地内専用施設を合わせた「学校内実施」が全体の約51％と半数近くを占めており、また、全増加数（1,467か所）に占める「学校内実施」増加数（615か所）は4割となっている。設置・運営主体別クラブ数の状況は、民営率が年々上昇している。児童数36〜70人のクラブが全体の52％と半数近くを占める。一方、児童数71人以上のクラブは減少となっている。年間開設日数の状況は、280〜299日のクラブが全体の約76％を占める。一方、250日未満のクラブは減少となっている。平日のクラブの終了時刻は、年々遅くなっている傾向にある。利用できなかった児童数（待機児童数）は8,021人（対前年比3,417人減）で3年連続減少している。ピークだった2007（平成19）年（14,029人）から3年連続の減少で、当時か

ら約 6,000 人減少した。

　なお、放課後児童クラブの規模について厚生労働省は 2007（平成 19 年）10 月の通知で 40 人程度までが望ましく 1 か所の最大は 70 人までとしている。また、規模が 40 〜 70 人までの場合は児童を 2 つの集団に分けるべきであるとしている。

　2011（平成 23）年度の厚生労働省予算では、総合的な放課後児童対策（「放課後子どもプラン」）の着実な推進を図るとともに、保育サービスの利用者が就学後に引き続きサービスを受けられるよう、放課後児童クラブの箇所数の増（24,872 か所から 25,591 か所へ）や開設時間の延長の促進など放課後児童対策の充実を図っている。

　2009（平成 21）年 3 月 31 日改正の文部科学省生涯学習政策局長と厚生労働省雇用均等・児童家庭局長の連名通達「『放課後子どもプラン』の推進について」の別紙「放課後子どもプラン推進事業実施要綱」によれば、この事業は、少子化や核家族化の進行、就労形態の多様化及び家庭や地域の子育て機能・教育力の低下など、子どもを取り巻く環境の変化を踏まえ、放課後等に子どもが安心して活動できる場の確保を図るとともに、次世代を担う児童の健全育成を支援することを目的としている。放課後子どもプラン推進事業は、①放課後子ども教室推進事業等として放課後子ども教室推進事業、放課後子ども教室備品整備事業、放課後子ども教室指導者研修・推進委員会事業の 3 事業、②放課後児童健全育成事業等として放課後児童健全育成事業、放課後子ども環境整備事業、放課後児童クラブ支援事業、放課後児童指導員等資質向上事業の 4 事業からなる。

　このうち、放課後子ども教室推進事業は、放課後子ども教室推進事業等実施要綱によって次のように定められている。

　① 　趣旨　全国の小学校区において、放課後や週末等に小学校の余裕教室等を活用して、子どもたちの安全・安心な活動拠点（居場所）を設け、地域の方々の参画を得て、子どもたちとともに勉強やスポーツ・文化活動、地域住民との交流活動等の取組を実施することにより、子どもたちが地域社会の中で、心豊かで健やかに育まれる環境づくりを推進する。

② 実施主体　事業の実施主体は、市町村（特別区を含む）等とし、事業の一部を適当と認められる社会教育団体等に委託して行うことができる。
③ 対象とする子どもの範囲　この事業の子どもの範囲は地域の子ども全般を対象としているものであり、幼児、児童生徒の一部のみを対象とするものではないが、おもな対象は小学生である。
④ この事業は次の内容・機能を有する
・放課後や週末等における地域の子どもたちの安全・安心な活動拠点（居場所）の確保
・地域の様々な資質を有する多くの大人の参画を得て、子どもたちに、様々な体験・交流・学習活動の機会を提供
・様々な体験・交流・学習活動を通して、子どもたちの社会性、自主性、創造性等の豊かな人間性の涵養
・地域の子どもたちと大人の積極的な参画・交流による地域コミュニティーの充実、その他子どもたちが地域の中で安心して健やかに育まれる環境づくりを推進するために必要な活動

2）子育て短期支援事業（法34条の8）

子育て短期支援事業とは、保護者の疾病その他の理由により家庭において養育を受けることが一時的に困難となった児童について、児童養護施設その他の施設に入所させ、その者につき必要な保護を行う事業である。子育て短期支援事業は、短期入所生活援助事業（ショートステイ）及び夜間養護等事業（トワイライトステイ）からなる（児福法施行規則1条）。児童養護施設以外で本事業を行う施設として、乳児院、母子生活支援施設その他の保護を適切に行うことができる施設が定められている（同1条の4）。

3）乳児家庭全戸訪問事業（こんにちは赤ちゃん事業）（法34条の9）

本事業は、生後4か月までの乳児のいるすべての家庭を訪問し、様々な不安や悩みを聞き、子育て支援に関する情報提供等を行うとともに、親子の心身の状況や養育環境等の把握や助言を行い、支援が必要な家庭に対しては適切なサービス提供につなげることを図っている。乳児のいる家庭と地域社会をつなぐ最初の機会とすることにより、乳児家庭の孤立化を防ぎ、乳児の健全な育成

環境の確保を図ることを目的としている。

　事業の内容は次のとおりである。①生後4か月までの乳児のいるすべての家庭を訪問し、育児等に関する様々な不安や悩みを聞き、相談に応じるほか、子育て支援に関する情報提供等を行う、親子の心身の状況や養育環境等の把握及び助言を行い、支援が必要な家庭に対し適切なサービス提供につなげる、②訪問スタッフには、愛育班員、母子保健推進員、児童委員、子育て経験者等を幅広く登用する、③訪問結果により支援が必要と判断された家庭について、適宜、関係者によるケース会議を行い、養育支援訪問事業をはじめとした適切なサービスの提供につなげる。

　実施主体は市町村・特別区である。事業のガイドラインとして、乳児家庭全戸訪問事業ガイドラインが定められている。

　対象乳児が生後4か月を迎えるまでの間に1回訪問することを原則とする。できる限り早期に訪問し支援を行うことが望ましいことから、市町村において独自に早期の訪問時期を定めることが適当である。生後4か月を迎えるまでの間に、健康診査等により乳児及びその保護者の状況が確認できており、対象家庭の都合等により生後4か月を経過して訪問せざるを得ない場合も対象となる。そのときも、少なくとも経過後1か月以内に訪問することが望ましい。ただし、①養育支援訪問事業の実施などにより、既に情報提供や養育環境の把握ができている場合、②訪問の同意が得られず、改めて訪問の趣旨を説明し本事業の実施の働きかけを行ったにもかかわらず同意が得られない場合、③子の入院や長期の里帰り出産等により生後4か月を迎えるまでには当該市町村の住居に子がいないと見込まれる場合は訪問の対象としないことができる。

4）養育支援訪問事業（法34条の9）

　養育支援訪問事業は、養育支援が特に必要であると判断した家庭に対し、保健師・助産師・保育士等が居宅を訪問し、養育に関する指導、助言等を行うことにより、当該家庭の適切な養育の実施を確保することを目的としている（養育支援訪問事業ガイドライン）。

　対象者は、乳児家庭全戸訪問事業（こんにちは赤ちゃん事業）の実施結果や母子保健事業、妊娠・出産・育児期に養育支援を特に必要とする家庭に係る保

健医療の連携体制に基づく情報提供及び関係機関からの連絡・通告等により把握され、養育支援が特に必要であって、本事業による支援が必要と認められる家庭の児童及びその養育者である。

次のような家庭が具体例として挙げられる。

① 若年の妊婦及び妊婦健康診査未受診や望まない妊娠等の妊娠期からの継続的な支援を特に必要とする家庭。

② 出産後間もない時期（おおむね1年程度）の養育者が、育児ストレス、産後うつ状態、育児ノイローゼ等の問題によって、子育てに対して強い不安や孤立感等を抱える家庭。

③ 食事、衣服、生活環境等について、不適切な養育状態にある家庭など、虐待のおそれやそのリスクを抱え、特に支援が必要と認められる家庭。

④ 児童養護施設等の退所又は里親委託の終了により、児童が復帰した後の家庭。

5) 地域子育て支援拠点事業（法34条の10）

地域子育て支援拠点事業とは、厚生労働省令で定めるところにより、乳児又は幼児及びその保護者が相互の交流を行う場所を開設し、子育てについての相談、情報の提供、助言その他の援助を行う事業である（6条の2第6項）。

地域子育て支援拠点事業実施要綱によれば、「児童福祉法」6条の2第6項の規定に基づき、乳児又は幼児及びその保護者が相互の交流を行う場所を開設し、子育てについての相談、情報の提供、助言その他の援助を行うことにより、地域の子育て支援機能の充実を図り、子育ての不安感等を緩和し、子どもの健やかな育ちを促進することを目的としている。事業の実施主体は、市町村（特別区を含む）又はその委託等を受けた社会福祉法人、特定非営利活動法人又は民間事業者等である。実施形態は、ひろば型・センター型・児童館型に分けられる。

この事業は次のような内容からなる。

① 子育て親子の交流の場の提供と交流の促進（子育て親子が気軽にかつ自由に利用できる交流の場の設置や子育て親子間の交流を深める取組等の地域支援活動の実施）

72

背景	課題	地域子育て支援拠点の設置
・3歳未満児の約7～8割は家庭で子育て ・核家族化、地域のつながりの希薄化 ・男性の子育てへの関わりが少ない ・児童数の減少	・子育てが孤立化し、子育ての不安感、負担感 ・子どもの多様な大人・子どもとの関わりの減	子育て中の親子が気軽に集い、相互交流や子育ての不安・悩みを相談できる場を提供

解消

育児不安

地域で子育てを支える

地域子育て支援拠点

○公共施設や保育所、児童館等の地域の身近な場所で、乳幼児のいる子育て中の親子の交流や子育て相談、情報提供等を実施
○NPOなど多様な主体の参画による地域の支援で、子育て中の当事者による支え合いにより、地域の子育て力を向上

事業内容
①交流の場の提供・交流促進
②子育てに関する相談・援助
③地域の子育て関連情報提供
④子育て・子育て支援に関する講習等

平成21年度実施か所数
(交付決定ベース)
5,199か所

図4-1　地域子育て支援拠点事業

出典：厚生労働省ホームページ
www.mhlw.go.jp/bunya/kodomo/kosodate05/pdf/kosodate_sien.pdf

第4章　多様な支援の展開と関係機関との連携

	ひろば型	センター型	児童館型
機能	常設のつどいの広場を設計し、地域の子育て支援機能の充実を図る取組を実施	地域の子育て支援情報の収集・提供に努め、子育て全般に関する専門的な支援を行う拠点として機能するとともに、地域支援活動等を実施	民営の児童館内で一定時間、つどいの場を設計、つどいの場や関係従事者による地域の子育て支援のための取組を実施
実施主体		市町村（特別区を含む。） （社会福祉法人、NPO法人、民間事業者等への委託も可）	
基本事業	①子育て親子の交流の場の提供と交流の促進 ③地域の子育て関連情報の提供	①子育て等に関する相談・援助の実施 ④子育て及び子育て支援に関する講習等の実施	
実施形態	①～④の事業を子育て親子が気軽に集い、うち解けた雰囲気の中で語り合い、相互に交流を図る常設の場を設けて実施 **機能拡充型（別途評価）** ・一時預かり事業や放課後児童クラブなど多様な子育て支援策を一体的に実施し、関係機関等とのネットワーク化を図り、よりきめ細かな支援を実施 ・出張ひろばの実施（加算） 常設のひろばを開設している主体が、週1～2回、1日5時間以上、出張ひろばを開設 ・地域の子育て力を高める取組の実施（加算） ①中・高校生や大学生等ボランティアの日常的受入・養成の実施 ②世代間や異年齢児童等との交流を継続的に実施 ③父親サークルの育成など父親のグループづくりを促進する継続的な取組の実施 ④民館、街区公園、プレーパーク等の子育て親子が集まる場所に定期的に出向き、必要な支援を行う取組の実施	①～④の事業の実施に加え、地域の関係機関や子育て支援活動を行う団体等と連携して、地域に出向いた地域支援活動等を実施 ・地域支援活動の実施 ①民間および公共施設等の地域子育てサークルへの支援や地域支援活動の実施 ②地域支援活動の中で、より重点的な支援が必要であると判断される家庭への対応	①～④の事業を児童館の学齢児が来館する時間を活用し、子育て中の当事者や経験者をスタッフに交えて実施 ・地域の子育て力を高める取組の実施（加算） ひろばにおける中・高校生や大学生等ボランティアの日常的な受入・養成の実施
従事者	子育て支援に関して意欲があり、子育てに関する知識・経験を有する者（2名以上）	保育士等（2名以上）	子育て支援に関して意欲があり、子育てに関する知識・経験を有する者（1名以上）に児童館の職員が協力して実施
実施場所	公共施設空きスペース、商店街空き店舗、民家、マンション、アパートの一室等を活用	保育所、医療施設等で実施するほか、公共施設等で実施	児童館
開設日数等	週3～4日、週5日、週6～7日 1日5時間以上	週5日以上 1日5時間以上	週3日以上 1日3時間以上

図4-2　地域子育て支援拠点事業の概要

出典：厚生労働省ホームページ
www.mhlw.go.jp/bunya/kodomo/kosodate05/pdf/kosodate_sien.pdf

② 子育て等に関する相談、援助の実施（子育てに不安や悩みなどを持っている子育て親子に対する相談、援助の実施）
③ 地域の子育て関連情報の提供（子育て親子が必要とする身近な地域の様々な育児や子育てに関する情報の提供）
④ 子育て及び子育て支援に関する講習等の実施（子育て親子や、将来、子育て支援に関わるスタッフとして活動することを希望する者等を対象として、月1回以上、子育て及び子育て支援に関する講習等を実施）

6）一時預かり事業（法34条の11など）

　一時預かり事業は、家庭において保育を受けることが一時的に困難となった乳児又は幼児について、厚生労働省令で定めるところにより、主として昼間において、保育所その他の場所において、一時的に預かり、必要な保護を行う事業である（法6条の2第7項）。特定の乳幼児のみを対象とするものは除外される。市町村・社会福祉法人等は、都道府県知事に届け出て、一時預かり事業を行うことができる。設備、人員配置、保育内容などの基準は省令で規定されている。一時預かりは「児童福祉法」の規定に基づくもののほか、「児童福祉法」の規定に準じて国庫補助があるもの、地方自治体の独自事業など多くの形態がある。「児童福祉法」に基づく一時預かり事業及びこれに準ずる事業は次世代育成支援対策交付金の交付対象となる。2008（平成20）年度は延べ348万人が利用しているが、「子ども・子育てビジョン」の施策に関する数値目標では2014（平成26）年度は延べ3,952万人を目標としている。

7）家庭的保育事業（法34条の14）

　家庭的保育事業とは、乳児又は幼児であって、市町村が家庭的保育者の居宅その他の場所において、家庭的保育者による保育を行う事業である（法6条の2第9号）。家庭的保育者とは市町村の研修を修了した保育士その他で乳児又は幼児の保育を行う者として市町村長が適当と認めるものである。

　家庭的保育事業は国庫補助事業として2000（平成12）年度に予算化された。これは、保育士又は看護師の資格を有する家庭的保育者が、保育所と連携しながら、自身の居宅等において少数のおもに3歳未満児を保育することを内容とする事業であった。対象児童数は3人以下（補助者を雇用する場合は5人以

下）で、家庭的保育者自身の居宅又は賃貸アパート等市町村が適当と認めた場所を実施場所とし、保育を行う部屋や庭・調理設備などの設備要件が課されていた。2008年（平成20）年の「児童福祉法」の改正で法制化され、2010（平成22）年度から法に基づく事業として開始した。

（5） 児童福祉文化財の推薦

社会保障審議会福祉文化分科会では、児童福祉文化財（出版物、舞台芸術、映像・メディア等）の推薦について審査を行っている。同分科会において推薦とされた児童福祉文化財は、「社会保障審議会運営規則」4条及び「福祉文化分科会運営規則」3条3項の規定により、社会保障審議会の推薦とされる。なおこの業務は、かつて中央児童福祉審議会で行われていた。

同分科会で推薦されるための基準は次のようになっている。

① 児童に適当な文化財であって、児童の道徳、情操、知能、体位等を向上せしめ、その生活内容を豊かにすることにより児童を社会の健全な一員とするために積極的な効果をもつもの。

② 児童福祉に関する社会の責任を強調し、児童の健全な育成に関する知識を広め、又は、児童問題の解決についての関心及び理解を深める等、児童福祉思想の啓発普及に積極的な効果をもつもの。

③ 児童の保育、指導、レクリエーション等に関する知識及び技術の普及に積極的な効果をもつもの。

（6） 厚生労働省予算にみる子育て支援サービス

少子化対策として総合的な子ども・子育て支援の推進が求められている。厚生労働省予算をみることによっても国の重点施策を知ることができる。厚生労働省は、次代の社会を担う子どもの健やかな育ちを社会全体で支援するため、子ども・子育てビジョン（2010（平成22）年1月29日閣議決定）を踏まえ、2011（平成23）年度予算等において、妊娠期・出産等の保健医療、子ども手当の支給、待機児童解消策の推進や仕事と子育ての両立支援など子育てに係る支援策を充実させることを通じて、総合的な子ども・子育て支援を推進すると

している。以下、2011（平成 23）年度厚生労働省予算等に盛り込まれたおもな施策をもとに、子ども・子育て支援サービスについて財政規模からみてみる。
① 子ども手当の充実…2兆77億円
　　子ども手当は、給付費分1兆9,479億円、事務費分99億円、現物サービス分500億円が計上されている。
② 地方が地方独自の子育て支援サービス（現物サービス）や待機児童対策（最低基準を満たす認可外保育施設への支援等）を新たに実施するために使えるよう次世代育成支援対策交付金を改組し、新たな交付金を設ける（500億円）。保育料を子ども手当から直接徴収できるようにする。また、学校給食費については本人の同意により子ども手当から納付することができる仕組みとし、実効性が上がるような取組を行う。
③ 待機児童解消策の推進など保育サービスの充実…総額200億円程度。
④ 待機児童解消策の推進…4,100億円。
・保育所等の受入児童数（毎年約5万人）の拡大。
・2010（平成22）年11月29日に取りまとめられた待機児童ゼロ特命チームの「国と自治体が一体的に取り組む待機児童解消先取りプロジェクト」を推進するため、現物サービスを拡大するための新たな交付金（新規500億円）のうち100億円程度を充てるとともに、2010（平成22）年度補正予算で1,000億円を追加した「安心こども基金」（2011（平成23）年度末までカバー、都道府県に設置）から100億円程度を施設整備等に充てることにより、2011（平成23）年度は計200億円程度を措置する。（総額200億円程度）。
⑤ 放課後児童対策の充実…308億円。
・放課後子どもプランの着実な推進。
・放課後児童クラブの箇所数の増（24,872→25,591か所）や開設時間の延長。
⑥ 安心こども基金の積み増し・延長…968億円（2010（平成22）年度補正予算）。
・保育所の整備等。

・地域の創意工夫による地域の子育て力を育む取組や体制整備。
・子どもの安全確認の強化のための補助職員の雇い上げなどの児童虐待防止対策の強化を推進。
⑦　児童虐待への対応など要保護児童対策…915億円。
・こんにちは赤ちゃん事業や施設におけるケア単位の小規模化等を推進。
⑧　ひとり親家庭の総合的な自立支援の推進…915億円。

（7）子ども手当
①　子ども手当

　子ども手当は2010（平成22）年4月創設された。2010（平成22）年度は、中学校修了までの子ども1人当たり月額13,000円が支給された。2011（平成23）年度は、「国民生活等の混乱を回避するための平成22年度における子ども手当の支給に関する法律の一部を改正する法律」により2011（平成23）年4～9月まで子ども手当の支給が行われることとなった。これに伴い、子ども手当の根拠法も「平成22年度等における子ども手当の支給に関する法律」に改められた。同法1条によれば、「次代の社会を担う子どもの健やかな育ちを支援するために、平成22年度等における子ども手当の支給について必要な事項を定める」こととされている。

　2011（平成23）年度は、子ども手当分の予算として1兆4,722億円が計上された。うち500億円は新規に計上された現物サービス分である。この500億円は地方が地方独自の子育て支援サービス（現物サービス）や待機児童対策（最低基準を満たす認可外保育施設への支援等）を新たに実施するため使えるよう、次世代育成支援対策交付金を改組し、新たな交付金を設けるためのものである。厚生労働省によれば、次のように実施される。現金給付に関しては、①3歳未満の子ども1人につき月額1万3,000円を、3歳以上中学校修了までの子ども1人につき月額1万円を支給する。②子ども手当の一部として、「児童手当法」に基づく児童手当を支給する仕組みとし、児童手当分については、「児童福祉法」の規定に基づき国、地方、事業主が費用を負担する。③②以外の費用については、全額を国庫が負担する。所得制限は設けていないが、所得

制限を課すことが同会で議論されている（2012.2.27 現在）。公務員については所属庁から支給する。

また、2010（平成22）年度に実施した際の議論を踏まえ次のように整理された。保育料を子ども手当から直接徴収できるようにする。また、学校給食費については本人の同意により子ども手当から納付することができる仕組みとし、実効性が上がるような取り組みを行う。支給対象となる子どもは、留学中の場合等を除き、国内に居住していることを要件とする。児童養護施設に入所している子ども等についても、法律に基づき支給する。

なお、2011（平成23）年8月、与野党の合意により子ども手当制度の見直しが決まった。2011（平成23）年10月以降、3歳未満は15,000円、3歳から小学生までの第1・2子が1万円、同第3子以降は15,000円、中学生は1万円となる。2012（平成24）年度以降は、子ども手当ではなく児童手当が復活するが、金額は、2011（平成23）年10月からと同額の予定である。所得制限が設けられ、年収960万円程度となる見込みである。

② 児童手当

2010（平成22）年4月から「平成22年度における子ども手当の支給に関する法律」が施行された。一方で、同法20条は受給資格者のうち「児童手当法」の受給資格者に該当する者に支給する子ども手当については、子ども手当の額のうち児童手当の額に相当する部分を、児童手当とみなすとしている。つまり、形式上は児童手当が存続している。児童手当についても概観しておきたい。児童手当は「児童手当法」に基づく制度である。児童手当制度の目的は、生活の安定、児童の健全な育成及び資質の向上である。2007（平成19）年以降の児童手当制度の仕組みは次のようになっている。

なお、2009（平成21）年度予算〔年金特別会計児童手当勘定〕では、国費

表4-1 児童手当の受給資格

支給対象	12歳到達後の最初の3月31日までの間にある児童
支給手続き	市区町村長（公務員は勤務先）の認定を受ける
支給月額	3歳未満は一律10,000円（乳幼児加算5,000円を含む） 3歳以上は、第1子・第2子5,000円、第3子以降10,000円
所得制限	あり

ベースで歳入・歳出とも 4,936 億円であった。事業主拠出金率は 0.13%であった。児童手当制度では、現金給付のほか、児童育成事業費（旧・福祉施設費）としての支出がある。事業主拠出金は被用者に対する児童手当の財源となっているだけではなく、「児童育成事業費」として、企業の事業所内保育所や民間育児産業の助成等にも支出される。

第2節　保育所入所児童の家庭への支援

(1) 保育所保育指針の改定

保育所保育指針は保育の内容等について規定している。保育所保育指針は厚生労働大臣告示である。保育所保育指針は 2008（平成 20）年 3 月改定され、2009（平成 21）年 4 月施行された。

「保育所保育指針解説」の「改定の要点」によれば、今回の改定は 4 点に整理することができる。これを要約すると、以下のようになる。

1) 保育所の役割の明確化

保育所の役割が保育指針に位置づけられた。保育所は、養護と教育を一体的に行うことを特性とし、環境を通して子どもの保育を総合的に実施する役割を担うとともに、保護者に対する支援（入所する児童の保護者に対する支援及び地域の子育て家庭に対する支援）を行うことを明記した。その上で、保育所における保育の中核的な担い手である保育士の業務とともに、保育所の社会的責任（子どもの人権の尊重、説明責任の発揮、個人情報保護など）について規定した。

2) 保育の内容の改善

① 発達過程の把握による子どもの理解、保育の実施

誕生から就学までの長期的視野を持って子どもを理解するため、「子どもの発達」の章で、発達過程区分に沿った子どもの発達の道筋を明記し、「保育の内容」の章では、乳幼児期に育ち経験することが望まれる基本的事項を示すとともに、乳児、3 歳未満児、3 歳以上児など発達過程に応じた特有の配慮事項を示した。

②　「養護と教育の一体的な実施」という保育所保育の特性の明確化

　養護と教育が一体的に展開される保育所の生活において、保育の内容をより具体的に把握し、計画－実践－自己評価するための視点として「ねらい及び内容」を「養護」と「教育」の両面から示した。

③　健康・安全のための体制充実

　子どもの健康・安全の確保が子どもの保育所での生活の基本であるとの考えの下に、子どもの発育・発達状態の把握、健康増進、感染症など疾病への対応、衛生管理、安全管理などの諸点に関し、保育所が施設長の責任の下に取り組むべき事項を明記した。不適切な養育に関する早期把握、要保護児童対策地域協議会（子どもを守る地域ネットワーク）など地域の専門機関との連携にも言及している。「食育基本法」の制定などを踏まえ、健康な生活の基本としての「食を営む力」の育成に向け、食育の推進を明記している。健康・安全、食育に関する計画的な実施のため、全職員の連携・協力、専門的職員の確保など保育の実施体制も規定している。

④　小学校との連携

　子どもの生活や発達の連続性を踏まえた保育の内容の工夫、小学校の子どもや職員間の交流など積極的な連携に取り組むことを奨励するとともに、就学に際し、子どもの育ちを支えるための資料を「保育所児童保育要録」として小学校へ送付することを義務づけた。

3）　保護者支援

　保育所における保護者への支援については、保育士の業務として明記するとともに、独立した章（6章「保護者に対する支援」）を設け、保育所に入所する子どもの保護者に対する支援及び地域における子育て支援について定めている。特に、保育所の特性を生かした支援、子どもの成長の喜びの共有、保護者の養育力の向上に結びつく支援、地域の資源の活用など、保護者に対する支援の基本となる事項を明確にしている。

4）　保育の質を高める仕組み

　「保育の計画及び評価」の章では、従来の「保育計画」を「保育課程」に改めている。「保育課程」の編成により、保育所全体で組織的及び計画的に保育に取

り組むことや、一貫性、連続性のある保育実践が期待される。各保育所では保育課程を踏まえ、それぞれの指導計画や食育の計画などを作成することや、指導計画の作成上の留意事項を明確化している。その中で、障がいのある子どもの保育について、関係機関と共に支援のための計画を個別に作成することと規定している。また、保育所においては、保育課程、指導計画に基づく保育士等による保育実践の振り返りを重視するとともに、保育の内容等の自己評価及びその公表を努力義務とした。保育所での自己評価等を踏まえ、職員が保育所の課題について共通理解を深め、体系的・計画的な研修や職員の自己研鑽等を通じて、職員の資質向上及び職員全体の専門性の向上を図ることを求めている。

（2）保育所の意義

保育の内容については、「児童福祉施設最低基準」35 条で「保育所における保育は、養護及び教育を一体的に行うことをその特性とし、その内容については、厚生労働大臣が、これを定める」とされている。なお、「保育所の長は、常に入所している乳児又は幼児の保護者と密接な連絡をとり、保育の内容等につき、その保護者の理解及び協力を得るよう努めなければならない」（同 36 条）とされている。

保育所保育指針では、「保育所は、児童福祉法に基づき保育に欠ける乳幼児を保育することを目的とする児童福祉施設である。したがって、保育所における保育は、ここに入所する乳幼児の最善の利益を考慮し、その福祉を積極的に増進することに最もふさわしいものでなければならない。保育所は、乳幼児が、生涯にわたる人間形成の基礎を培う極めて重要な時期に、その生活時間の大半を過ごすところである。保育所における保育の基本は、家庭や地域社会と連携を図り、保護者の協力の下に家庭養育の補完を行い、子どもが健康、安全で情緒の安定した生活ができる環境を用意し、自己を十分に発揮しながら活動できるようにすることにより、健全な心身の発達を図るところにある。そのために、養護と教育が一体となって、豊かな人間性を持った子どもを育成するところに保育所における保育の特性がある。また、子どもを取り巻く環境の変化に対応して、保育所には地域における子育て支援のために、乳幼児などの保育

に関する相談に応じ、助言するなどの社会的役割も必要となってきている」とされる。

「児童福祉法」によれば、保育所は、日日保護者の委託を受けて、保育に欠けるその乳児又は幼児を保育することを目的とする施設である（39条1項）。また、保育所は、特に必要があるときは、日日保護者の委託を受けて、保育に欠けるその他の児童を保育することができる（同条2項）。

これを受けて、保育所保育指針では保育所の役割について、「保育所は、児童福祉法第39条の規定に基づき、保育に欠ける子どもの保育を行い、その健全な心身の発達を図ることを目的とする児童福祉施設であり、入所する子どもの最善の利益を考慮し、その福祉を積極的に増進することに最もふさわしい生活の場でなければならない。保育所は、その目的を達成するために、保育に関する専門性を有する職員が、家庭との緊密な連携の下に、子どもの状況や発達過程を踏まえ、保育所における環境を通して、養護及び教育を一体的に行うことを特性としている。保育所は、入所する子どもを保育するとともに、家庭や地域の様々な社会資源との連携を図りながら、入所する子どもの保護者に対する支援及び地域の子育て家庭に対する支援等を行う役割を担うものである。保育所における保育士は、児童福祉法第18条の4の規定を踏まえ、保育所の役割及び機能が適切に発揮されるように、倫理観に裏付けられた専門的知識、技術及び判断をもって、子どもを保育するとともに、子どもの保護者に対する保育に関する指導を行うものである」としている。

（3）保育所の職員・設備等の基準
1）最低基準

保育所の職員体制・設備等については「児童福祉施設最低基準」で以下のように定められている。保育所には、保育士、嘱託医及び調理員を置かなければならない（最低基準33条）。ただし、調理業務の全部を委託する施設にあっては、調理員を置かないことができる。保育士の数は、乳児おおむね3人につき1人以上、満1歳以上満3歳に満たない幼児おおむね6人につき1人以上、満3歳以上満4歳に満たない幼児おおむね20人につき1人以上、満4歳以上の

幼児おおむね30人につき1人以上である。ただし、1保育所につき2人を下ることはできない。また、認定保育所は、短時間利用児おおむね35人につき1人以上、長時間利用児おおむね30人につき1人以上である。保育所における保育時間は、1日につき8時間を原則とし、その地方における乳児又は幼児の保護者の労働時間その他家庭の状況等を考慮して、保育所の長がこれを定める（同34条）。

なお、病気や障がいのある子どもへのケアを図るため、2008（平成20）年度から5か年ですべての私立認可保育所に看護師を配置する方針であり、国が看護師1人分の人件費の半分を負担している。

また、保育所の設備の基準は、次のようになっている（32条）。すなわち、①乳児又は満2歳に満たない幼児を入所させる保育所には、乳児室又はほふく室、医務室、調理室及び便所を設ける、②乳児室の面積は、乳児又は満2歳に満たない幼児1人につき$1.65m^2$以上、③ほふく室の面積は、乳児又は満2歳に満たない幼児1人につき$3.3m^2$以上、④乳児室又はほふく室には、保育に必要な用具を備える、⑤満2歳以上の幼児を入所させる保育所には、保育室又は遊戯室、屋外遊戯場（保育所の付近にある屋外遊戯場に代わるべき場所を含む）、調理室及び便所を設ける、⑥保育室又は遊戯室の面積は、満2歳以上の幼児1人につき$1.98m^2$以上、屋外遊戯場の面積は、満2歳以上の幼児1人につき$3.3m^2$以上、⑦保育室又は遊戯室には、保育に必要な用具を備えること、である。

2） 最低基準の緩和

保育所待機児童の解消策として、2010（平成22）年4月からは、認可保育所が定員を超えて子どもを受け入れる際、子ども1人あたりの面積などの最低基準を満たしていれば、定員に対する超過分の制限（年度初め15%以内・9月まで25%以内など）が撤廃された。さらに、2012（平成24）年4月から3年間、地価が高く用地確保が難しい都市部（初年度は35市区）に限って、面積基準が最低基準を下回っても自治体が独自に設置の可否や受け入れ人数を判断できることとなった。面積基準が緩和されるのは、待機児童が100人を超え、2010（平成22）年1月の住宅地の公示価格の平均額が3大都市圏の平均額を

上回る自治体である。

(4) 保育所への入所

「保育に欠ける」とは、「児童福祉法」24条1項の規定により、保護者が児童を保育することができず、同居の親族も保育できない場合を指す。具体的には、児童の保護者のいずれもが次のいずれかに該当することにより当該児童を保育することができないと認められる場合であって、かつ、同居の親族その他の者が当該児童を保育することができないと認められる場合（「児童福祉法施行令」27条）である。すなわち、①昼間労働することを常態としていること、②妊娠中であるか又は出産後間がないこと、③疾病にかかり、若しくは負傷し、又は精神若しくは身体に障がいを有していること、④同居の親族を常時介護していること、⑤震災、風水害、火災その他の災害の復旧に当たっていること、⑥その他①から⑤に類する状態にあること。

(5) 保育料

市町村長は、本人又はその扶養義務者から、保育費用を徴収した場合における家計に与える影響を考慮して保育所における保育を行うことに係る児童の年

表4-2 2011（平成23）年度国の保育所徴収金（保育料）基準額表

各月初日の入所児童の属する世帯の階層区分			徴収金（保育料）基準額（月額）	
階層区分	定義		3歳未満児	3歳以上児
第1階層	生活保護世帯		0円	0円
第2階層	市民税非課税世帯	母子世帯等	0円	0円
		母子世帯等以外	9,000円	6,000円
第3階層	市民税課税世帯	母子世帯等	18,500円	15,500円
		母子世帯等以外	19,500円	16,500円
第4階層	所得税40,000円未満		30,000円	27,000円
第5階層	所得税40,000円以上103,000円未満		44,500円	41,500円
第6階層	所得税103,000円以上413,000円未満		61,000円	58,000円
第7階層	所得税413,000円以上734,000円未満		80,000円	77,000円
第8階層	所得税734,000円以上		104,000円	101,000円

齢等に応じて定める額を徴収することができる（「児童福祉法」56条3項）。
　具体的には表4-2のようになっている。

（6）保育所の状況

　2010（平成22）年9月に厚生労働省が公表した「保育所関連状況取りまとめ」（2010（平成22）年4月1日時点）では、保育所定員などについて特徴を挙げている。要約すれば以下の通りである。

① 保育所定員は215万8,000人であり、2008（平成20）年4月から2009（平成21）年4月で1万1,000人・2009（平成21）年4月から2010（平成22）年4月で2万6,000人、それぞれ増加している。

② 保育所を利用する児童を年齢区分別で見た割合では、3歳未満が22.8%（対前年比1.1%増）、3歳以上では41.7%（対前年比0.8%増）である。

③ 待機児童数は26,275人で、3年連続の増加である。増加の伸びは、前年（5,834人）に比べ鈍化した。1年間で増えた待機児童数は891人である。4月時点での数としては、過去最多だった2003（平成15）年（26,383人）とほぼ同水準である。待機児童のいる市区町村は、前年より20減少して357。100人以上増えたのは、札幌市（438人）、川崎市（363人）、横浜市（262人）など8市区であり、大阪市（403人）、北海道旭川市（138人）、東京都杉並区（114人）の3市は100人以上減った。

④ 50人以上の待機児童がいて、「児童福祉法」で保育事業の供給体制の確保に関する計画を策定するよう義務付けられる「特定市区町村」は前年と同じ101（ただし、新たに特定市区町村になったのが11、今回外れたのが11）である。

　なお、厚生労働省による2010（平成22）年10月時点での待機児童数は4万8,356人で4月時点と比べると約1.8倍に増加している。これは、春以降の出生などによるものであり、例年4月と10月を比較すると、同様の傾向がみられる。

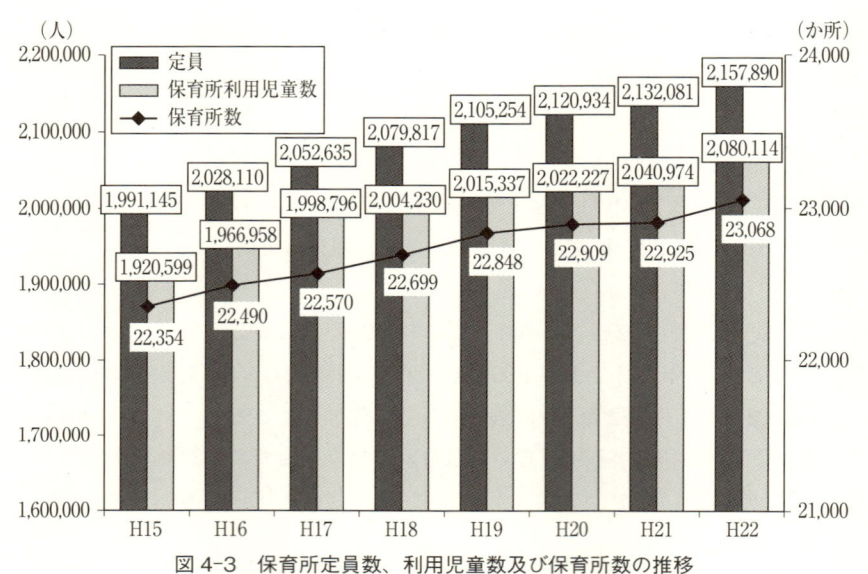

図 4-3 保育所定員数、利用児童数及び保育所数の推移
出典：http://www.mhlw.go.jp/stf/houdou/2r9852000000nvsj.html

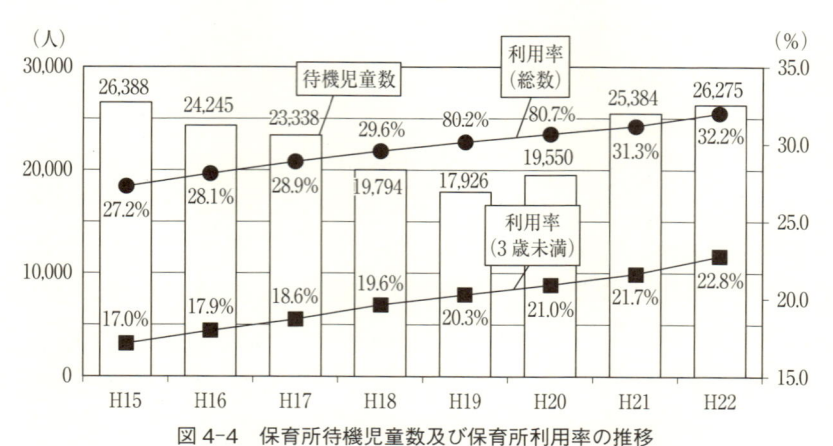

図 4-4 保育所待機児童数及び保育所利用率の推移
出典：http://www.mhlw.go.jp/stf/houdou/2r9852000000nvsj.html

表 4-3　待機児童数の多い市区町村数

待機児童数	市区町村
100人以上	66（62）
50人以上100人未満	35（39）
1人以上50人未満	256（276）
計	357（377）

（　）は21年4月1日の数値

表 4-4　都市部とそれ以外の地域の待機児童数

	利用児童数（%）	待機児童数（%）
7都府県・指定都市・中核市	1,083,081人（52.1%）	22,107人（84.1%）
その他の道県	997,033人（47.9%）	4,168人（15.9%）
全国計	2,080,114人（100.0%）	26,275人（100.0%）

表 4-5　年齢区分別の保育所利用児童の割合

	平成22年4月	平成21年4月
3歳未満児（0〜2歳）	742,085人（22.8%）	709,399人（21.7%）
うち0歳児	99,223人（9.2%）	92,606人（8.4%）
うち1〜2歳児	642,862人（28.5%）	616,793人（28.5%）
3歳以上児	1,338,029人（41.7%）	1,331,575人（40.9%）
全年齢児計	2,080,114人（32.2%）	2,040,974人（31.3%）

（保育所利用児童の割合：当該年齢の保育所利用児童数÷当該年齢の就学前児童数）

（7）保育所等に関する国家予算

　2010（平成22）年1月に閣議決定された「子ども・子育てビジョン」では、認可保育所の定員を5年間で215万人から241万人に26万人増とすることとしている。また国は、待機児童解消のため、2011（平成23）年度は国庫補助により待機児童300人以上の市町村を中心に認可保育所を3万5,000人定員増し、2012（平成24）年には待機児童がいる全自治体に国庫補助対象を拡大し8万8,000人の定員増を予定している。

　2011（平成23）年度の保育対策関係予算は4,100億円（現物サービスを拡大するための新たな交付金500億円を除く）である。待機児童の解消を図る

ための保育所受入れ児童数の拡大を図るとともに、保護者や地域の実情に応じた多様な保育サービスを提供するため、家庭的保育事業（保育ママ）や延長保育、病児・病後児保育などの充実を図り「子ども・子育てビジョン」の実現を推進する。また、2010（平成22）年11月29日に取りまとめられた「待機児童ゼロ特命チーム」の『国と自治体が一体的に取り組む待機児童解消「先取り」プロジェクト』を推進するため、現物サービスを拡大するための新たな交付金（新規500億円）のうち100億円程度を充てるとともに、2010（平成22）年度補正予算で1,000億円を追加した「安心こども基金」から100億円程度を施設整備等に充てることにより、2011（平成23）年度は計200億円程度を措置している。

　厚生労働省発表によれば、主要な施策は次のとおりである。

1）待機児童解消のための保育所の受入れ児童数の拡大

① 民間保育所運営費 3,743億円

待機児童解消のための保育所の受入れ児童数（毎年約5万人）の拡大に伴う運営費の増と4月2日生まれの児童に対する保育単価適用年齢の見直しを行い学校教育法に基づくクラス編成の実態との整合性を図る。

② 待機児童解消促進等事業費 36億円

家庭的保育事業（保育ママ）として連携保育所経費の充実を図り、家庭的保育補助者経費の加算をする（利用児童数は1万人）ほか、認可化移行促進事業・保育所分園推進事業等も実施する。

③ 保育環境改善等事業 2億円

保育サービスの推進のための施設の軽微な改修等を推進する。保育所の整備費、認定こども園の経費については、2010（平成22）年度補正予算において「安心こども基金」を積み増すとともに、事業実施期限を2011（平成23）年度末まで延長（基金総額3,700億円）。待機児童ゼロ特命チーム「先取り」プロジェクトの具体的施策である保育所整備の補助率かさ上げ地域の対象拡大、土地借料支援等についても「安心こども基金」の活用により実施する。

2） 多様な保育サービスの提供等

① 延長保育促進事業 204億円

残業や通勤距離の遠距離化など保護者のニーズに応じて開所時間を超えて実施する延長保育を推進する（54万9,000人分）。

② 家庭的保育事業（保育ママ）35億円

③ 病児・病後児保育事業 37億円

地域の児童を対象に当該児童が発熱等の急な病気となった場合、病院・保育所等に付設された専用スペースにおいて看護師等が一時的に保育する事業、及び保育中に体調不良となった児童を保育所の医務室等において看護師等が緊急的な対応を行う病児・病後児保育事業の充実を図る。病児・病後児対応型を延べ115万5,000人とする。体調不良児対応型は870か所であり、非施設型（訪問型）も創設する。

④ 休日・夜間保育事業 8億円

保護者の勤務形態が多様化している中で休日や夜間においても保育を実施するため、認可保育所のほか、一定の設備基準や職員配置基準を満たす施設を補助対象とし、休日・夜間保育事業を推進する（9万人）。休日保育事業は1,170か所であり、夜間保育推進事業は196か所を予定。

⑤ その他の保育サービスの推進として 67億円

事業所内保育施設の研修等による職員の資質向上などを図る。また、現物サービスを拡大するための新たな交付金（500億円）の対象事業として待機児童ゼロ特命チーム「先取り」プロジェクトの具体的施策の複数の家庭的保育者による家庭的保育事業の実施・最低基準を満たす認可外保育施設への公費助成も行う。前年度のソフト交付金からの改組として、一時預かり事業・地域子育て支援拠点事業も計上している。

（8） 保育対策等促進事業費補助金

保育対策等促進事業費補助金は、「児童手当法」29条の2に規定する児童育成事業として、特定保育事業、休日・夜間保育事業、病児・病後児保育事業、待機児童解消促進等事業、保育環境改善等事業、延長保育促進事業を円滑に実

施し、もって児童の福祉の向上を図ることを目的としている。保育対策等促進事業費補助金交付要綱によれば、保育対策等促進事業費補助金については、予算の範囲内において交付される。この補助金は、次の事業を交付の対象とする。

① 特定保育事業　特定保育事業実施要綱により、市町村が行う事業に対して都道府県が補助する事業並びに指定都市及び中核市が行う事業、若しくは、市町村が行う事業又は助成する事業に対して都道府県が補助する事業並びに指定都市及び中核市が行う事業又は助成する事業。ただし、年間の延べ利用児童数が25人に満たない保育所は、補助対象とならない。
② 休日・夜間保育事業　休日・夜間保育事業実施要綱による。
③ 病児・病後児保育事業　病児・病後児保育事業実施要綱による。ただし、病児対応型及び病後児対応型については、年間の延べ利用児童数が10人に満たない場合は、補助対象とならない。
④ 待機児童解消促進等事業　待機児童解消促進等事業実施要綱による。
⑤ 保育環境改善等事業　保育環境改善等事業実施要綱による。
⑥ 延長保育促進事業　延長保育促進事業実施要綱による。

（9）保育の内容等の自己評価

　今回の保育所保育指針の改定では自己評価について定めている。具体的には次のような観点からの自己評価が求められる。

1）保育士等の自己評価

　保育士等は、保育の計画や保育の記録を通して、自らの保育実践を振り返り、自己評価することを通して、その専門性の向上や保育実践の改善に努めなければならない。そして、この保育士等による自己評価に当たっては、①子どもの活動内容やその結果だけでなく、子どもの心の育ちや意欲、取り組む過程などに十分配慮すること、②自らの保育実践の振り返りや職員相互の話し合い等を通じて、専門性の向上及び保育の質の向上のための課題を明確にするとともに、保育所全体の保育の内容に関する認識を深めること、の2つに留意しなければならない。

2） 保育所の自己評価

保育所は、保育の質の向上を図るため、保育の計画の展開や保育士等の自己評価を踏まえ、当該保育所の保育の内容等について、自ら評価を行い、その結果を公表するよう努めなければならない。この保育所の自己評価を行うに当たっては、①地域の実情や保育所の実態に即して、適切に評価の観点や項目等を設定し、全職員による共通理解を持って取り組むとともに、評価の結果を踏まえ、当該保育所の保育の内容等の改善を図ること②「児童福祉施設最低基準」36条の趣旨を踏まえ、保育の内容等の評価に関し、保護者及び地域住民等の意見を聴くことが望ましいことに留意しなければならない。

（10） 認可保育所以外の保育施設

認可保育所のほかにもさまざまな保育施設が存在する。以下、認定こども園と病院内保育所についてふれるが、このほかにも事業所内保育所・へき地保育所・季節保育所など多くの保育施設・施策が存在する。

1） 認定こども園

認定こども園は、「就学前の子どもに関する教育、保育等の総合的な提供の推進に関する法律」に根拠を有する。急速な少子化の進行並びに家庭及び地域を取り巻く環境の変化に伴い、小学校就学前の子どもの教育及び保育に対する需要が多様なものとなっていることにかんがみ、地域における創意工夫を生かしつつ、幼稚園及び保育所等における小学校就学前の子どもに対する教育及び保育並びに保護者に対する子育て支援の総合的な提供を推進するための措置を講じ、もって地域において子どもが健やかに育成される環境の整備に資することを目的としている（同法第1条）。

幼稚園、保育所等のうち、就学前の子どもに幼児教育・保育を提供する機能・地域における子育て支援を行う機能の2つを備え、認定基準を満たす施設は、都道府県知事から「認定こども園」の認定を受けることができる。

認定こども園には、地域の実情に応じて多様なタイプが認められている。①幼保連携型　認可幼稚園と認可保育所とが連携して、一体的な運営を行うことにより、認定こども園としての機能を果たすタイプ、②幼稚園型　認可幼稚

幼稚園、保育所等のうち、以下の機能を備え、認定基準を満たす施設は、都道府県知事から「認定こども園」の認定を受けることができます。

① 就学前の子どもに幼児教育・保育を提供する機能
（保護者が働いている、いないにかかわらず受け入れて、教育・保育を一体的に行う機能）

② 地域における子育て支援を行う機能
（すべての子育て家庭を対象に、子育て不安に対応した相談活動や、親子の集いの場の提供などを行う機能）

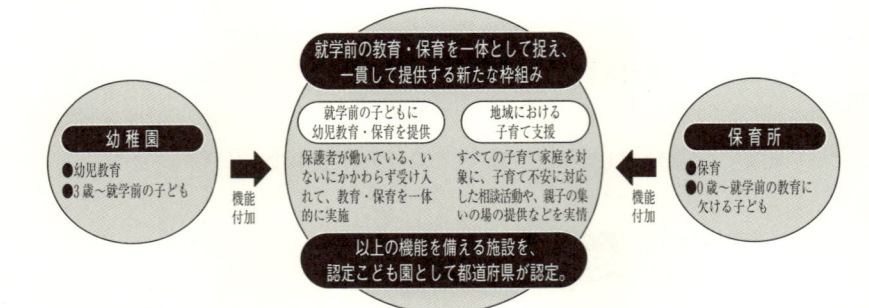

就学前の教育・保育を一体として捉え、一貫して提供する新たな枠組み

幼稚園
● 幼児教育
● 3歳～就学前の子ども

就学前の子どもに幼児教育・保育を提供
保護者が働いている、いないにかかわらず受け入れて、教育・保育を一体的に実施

地域における子育て支援
すべての子育て家庭を対象に、子育て不安に対応した相談活動や、親子の集いの場の提供などを実施

保育所
● 保育
● 0歳～就学前の教育に欠ける子ども

以上の機能を備える施設を、認定こども園として都道府県が認定。

認定こども園には、地域の実情に応じて次のような多様なタイプが認められることになります。なお、認定こども園の認定を受けても、幼稚園や保育所等はその位置づけを失うことはありません。

幼保連携型	幼稚園型	保育所型	地方裁量型
認可幼稚園と認可保育所とが連携して、一体的な運営を行うことにより、認定こども園としての機能を果たすタイプ	認可幼稚園が、保育に欠ける子どものための保育時間を確保するなど、保育所的な機能を備えて認定こども園としての機能を果たすタイプ	認可保育所が、保育に欠ける子ども以外の子どもも受け入れるなど、幼稚園的な機能を備えることで認定こども園としての機能を果たすタイプ	幼稚園・保育所いずれの認可もない地域の教育・保育施設が、認定こども園として必要な機能を果たすタイプ

図4-5　認定こども園とは
出典：文部科学省・厚生労働省ホームページ　www.youho.go.jp/gaiyo.html

表4-6　認定こども園の現在の認定件数の推移

各年4月1日現在	認定件数	公私の内訳		種類別の内訳			
		公立	私立	幼保連携型	幼稚園型	保育所型	地方裁量型
2008年	229件	55件	174件	104件	76件	35件	14件
2009年	358件	87件	271件	158件	125件	55件	20件
2010年	532件	122件	410件	241件	180件	86件	25件
2011年	762件	149件	613件	406件	225件	100件	31件

出典：2011（平成23）年5月文部科学省・厚生労働省発表資料を一部改変

園が、保育に欠ける子どものための保育時間を確保するなど、保育所的な機能を備えて認定こども園としての機能を果たすタイプ、③保育所型　認可保育所が、保育に欠ける子ども以外の子どもも受け入れるなど、幼稚園的な機能を備えることで認定こども園としての機能を果たすタイプ、④地方裁量型　幼稚園・保育所いずれの認可もない地域の教育・保育施設が、認定こども園として必要な機能を果たすタイプ、以上の4タイプがある。

2）病院内保育所など

「看護師等の人材確保の促進に関する法律」により、看護師等の人材の確保の目的で設置され、病院内保育所運営費補助事業による助成が行われる。同法では看護師等が対象であるが、病院内保育所運営費補助事業実施要綱では、「病院及び診療所に従事する職員」に広げられている。

病院内保育所運営事業実施要綱によれば、次のように定められている。病院内保育所運営事業は、病院及び診療所に従事する職員のために保育施設を運営する事業について助成し、医療従事者の離職防止及び再就業を促進するとともに、医療機関による入院治療の必要はないが、安静の確保に配慮する必要がある集団保育が困難な児童の保育を行うことを目的としている。補助対象事業は職員等の委託を受けて乳児又は幼児に対し必要な保護を行う事業である。ただし、財団法人21世紀職業財団による事業所内託児施設助成金、ベビーシッター費用等助成金等との重複補助は認められない。補助対象施設は、医療法7条の規定に基づき許可を受けた病院及び診療所、又は同法8条の規定に基づき届出をした診療所の開設者が運営をする病院内保育施設である。この事業は対象別に病児等保育・緊急一時保育・児童保育の3つに区分できる。このうち、「病児等保育」の対象児童は、ア　医療機関による入院治療の必要はないが、安静の確保に配慮する必要がある集団保育が困難な病院内保育所に通所している児童で、かつ保護者の勤務の都合・傷病・事故・出産・冠婚葬祭など社会的にやむを得ない事由により家庭で育児を行うことが困難な児童、イ　保育所に通所している児童ではないが、アと同様の状況にある児童（小学校低学年児童等を含む）である。「緊急一時保育」の対象児童は、24時間保育を実施していない病院内保育所を設置している医療機関の医療従事者の乳児又は幼児であっ

て、医療機関からの緊急呼び出しにより勤務を要することにより家庭で育児を行うことが困難な児童（小学校低学年を含む）である。「児童保育」の対象児童は、病院内保育所を設置している医療機関の医療従事者の児童であって、かつ、医療機関に勤務していることにより家庭での保育を行うことが困難な小学校低学年の児童である。

（11）こども園

政府の「子ども・子育て新システム検討会議」は2011（平成23）年7月、幼保一元化など新子育て施策の中間とりまとめを決定した。保護者の就労の有無や形態にかかわらず、すべての子どもに保育サービスと教育を提供することを目指している。「子ども・子育て新システム」で導入し、段階的な運用を目指す。2012（平成24）年の通常国会へ関連法案を提出する。

国の基準を満たして「こども園給付」を受けられる施設は「こども園」と総称される。こども園には、保育所と幼稚園の機能が一元化された「総合こども園」、幼稚園が基準を満たしてこども園の指定を受ける型、3歳未満の子どもだけを保育する型などがある。少子化の中で少なくない幼稚園が定員割れを起こしているが、これを保育サービスに活用して待機児童を減少させる意図もある。早朝・夜間・休日保育も実施する。株式会社やNPOも参入が予定されている。

こども園のうち、「総合こども園」は内閣府所管となる。幼稚園・保育所は、運営費などの給付を内閣府が所管するが、認可については、幼稚園は文部科学省・保育所は厚生労働省が所管する。こども園給付を受けない幼稚園は文部科学省が従来通り所管する。

現行の私学助成や保育所運営費補助は原則として廃止され「こども園給付」になる。ただし、幼稚園がこども園の指定を求めないときは私学助成が継続する。現在は公的補助の対象となっていない施設も基準をクリアすれば補助対象となる。

サービスの実施主体は市町村であり、地域ごとに需要を見込んだ事業計画が義務付けられる。市町村の会計は一般会計で対応するが、国などからの交付金

が目的通りに使われたことを確認する仕組みが検討されている。

　保護者は、市町村から保育の必要性の認定を受け、施設と直接契約する。必要度に応じて入園できる優先順位が決まる。保護者が共働きで保育が必要な子どもの場合、市町村から長時間利用か短時間利用の認定を受ける。保護者の就労は、フルタイム労働・パートタイム労働・夜間勤務などすべての形態が対象となる。保護者の病気・障がい、産前・産後、同居親族の介護、求職活動、就学、災害ボランティアも子どもを預ける理由として認められる。ただし、専業主婦がこども園を利用する場合は受給者証を必要とする案が検討されている。

　施設は応諾義務が課され、空きがない・定員以上に応募がある・その他特別な事情といった正当な理由がある場合を除いて、入園を断ることができない。施設ごとに抽選・先着順・選考など入園の基準が定められるが、定員の以上に応募があった場合の選考基準は国が定める。政府の障がい者制度改革推進会議は2011（平成23）年8月、「障害者総合福祉法」（仮称）関連の法整備で、「こども園」に障がい児入園について応諾義務を課すよう求める案を示している。

　利用料金は保護者の所得に応じた応能負担となる。保育所・幼稚園の現行の利用料金と同じ水準が予定されている。国が利用料金の基準を定め、市町村が国の基準を参考に所得の区分に応じた定額料金を決める。現在、国の基準は所得に応じて8区分であるが、実際にかかった実費以上は徴収しない仕組みとなっている。「総合こども園」の料金は、3歳未満はこれまでの仕組みが継続する。一方、3歳以上の子どもは8段階の基準を6段階に再編することや、専業主婦世帯で保育を必要としない子どもは保護者の所得に応じた5段階程度の料金体系とすることも検討されている。現在、幼稚園は料金が自由に決められているが、低所得世帯は国と市町村の補助で負担の軽減措置がとられている。幼稚園について全国平均が算出され実態に合わせた水準となる。なお、同一家庭で複数の子どもを預ける場合、現行制度では負担軽減策があるが、これも継続される。

　こども園と保育ママや小規模保育所などの連携も強化される。こども園は小規模保育の後方支援の役割を担い、具体的には、保育や教育の合同実施、子どもの交流、給食の提供や事務作業の共同処理などが想定されている。連携につ

いて市町村による調整もなされる。

第3節　地域の子育て家庭への支援

1. 地域の子育てを支える事業

　いわゆる1.57ショックを契機に、90年代以降少子化の傾向が注目を集めるようになり、エンゼルプランを皮切りに様々な施策が打ち出されてきたが、地域の子育て家庭への支援もこうした少子化対策の事業の一つとして位置づけられている。同時に、それは、「子どもが健やかにうまれ、かつ育成される社会の形成」を目的とした次世代育成支援対策事業としての位置づけも有している。
　2010（平成22）年1月29日に閣議決定された「子ども・子育てビジョン」では、その基本的考え方の一つとして、「社会全体で子育てを支える」ことが明記され、そこでは、すべての子どもの権利の保障（「子どもを大切にする」）と、ライフサイクル全体を通じて子どもの育ち・子育てを切れ目なく包括的に支えること（「ライフサイクル全体を通じて社会的に支える」）、さらに地域の子育て力を向上させ、子どもと子育てを地域のネットワークで支え、地域の再生を目指すこと（「地域のネットワークで支える」）が示されている。
　地域子育て支援の事業は、まさにこうした「社会全体での子育て」という考え方を体現したものと言える。具体的には、「児童福祉法」に位置づけられている子育て短期支援事業、乳児家庭全戸訪問事業（こんにちは赤ちゃん事業）、養育支援訪問事業、地域子育て支援拠点事業、一時預かり事業等があるが、「子ども・子育てビジョン」では、これらの事業に加え、ファミリー・サポートセンターの普及促進、商店街の空き店舗や小中学校の余裕教室・幼稚園等を活用した子育て支援・親子交流等の場の設置促進、NPO法人等の地域子育て活動の支援等が具体的施策として挙げられている。
　たとえば、乳児家庭全戸訪問事業は、市町村長が行う研修を受講した訪問

スタッフが、生後4か月までの乳児のいるすべての家庭を訪問し、子育てに関する情報提供及び親子の心身の状況や養育環境等の把握や助言を行うものである。また、養育支援訪問事業は、乳児家庭全戸訪問事業の実施等をとおして把握した、「保護者の養育を支援することが特に必要と認められる児童、もしくは保護者に監護させることが不適当であると認められる児童及びその保護者又は出産後の養育について出産前において支援を行うことが特に必要と認められる妊婦」に対して、その養育が適切に行われるよう、その居宅において、養育に関する相談、指導、助言その他必要な支援を行う事業である。

このように、地域の「すべての子ども」に対して「切れ目のない」支援を行うための仕組みづくりが様々な形で進められていると言えるが、本節では特に、地域子育て支援拠点事業に注目して、地域の子育て家庭への支援が目指すものと具体的な支援の様子、課題について考えてみることにしたい。

2. 地域子育て支援拠点事業とは

(1) 地域子育て支援拠点事業の概要

地域子育て支援拠点事業は、2009（平成21）年度より「児童福祉法」に規定され第二種社会福祉事業として位置づけられた。

事業の概要は「次世代育成支援対策交付金の交付対象事業及び評価基準について」（平成20年11月28日雇児発1128003）に確認することができるが、これをまとめたものが表4-6である。

平成22年度の実施状況は、ひろば型が全国に1,965か所、センター型が3,201か所、児童館型が355か所、合計で5,521か所となっている。

センター型は、保育所に併設されているものが最も多い。①から④の基本事業に加え、地域の関係機関や団体等と連携し、公民館や公園等に出向いて親子交流や子育てサークルの援助を行ったり、より重点的な支援が必要な家庭への対応を行ったりといった地域支援活動の実施や、保育士という専門資格保持者が従事者として想定されていることからも分かるように、子どもの育ちにかかわる専門的な知見を有した職員や、園庭・園舎・遊具等、保育所が持つ専門的

表 4-7 「地域子育て支援拠点事業の概要」

	ひろば型	センター型	児童館型
機能	常設のつどいの広場を設け、地域の子育て支援機能の充実を図る取組を実施	地域の子育て支援情報の収集・提供に努め、子育て全般に関する専門的な支援を行う拠点として機能するとともに、地域支援活動を実施	民営の児童館内で一定時間、つどいの場を設け、子育て支援活動従事者による地域の子育て支援のための取組を実施
実施主体	市町村（特別区を含む） （社会福祉法人、NPO法人、民間事業者への委託も可）		
基本事業	①子育て親子の交流の場の提供と交流の促進 ②子育て等に関する相談・援助の実施 ③地域の子育て関連情報の提供 ④子育て及び子育て支援に関する講習等の実施		
実施形態	①〜④の事業を子育て親子が気軽に集い、うち解けた雰囲気の中で語り合い、相互に交流を図る常設の場を設けて実施	①〜④の事業の実施に加え、地域の関係機関や子育て支援活動を行う団体等と連携して、地域に出向いた地域支援活動を実施	①〜④の事業を児童館の学齢児が来館する前の時間を活用し、子育て中の当事者や経験者をスタッフに交えて実施
従事者	子育て支援に関して意欲があり、子育てに関する知識・経験を有する者（2名以上）	保育士（2名以上）	子育て支援に関して意欲があり、子育てに関する知識・経験を有する者（1名以上）に児童館の職員が協力して実施
実施場所	公共施設空きスペース、商店街空き店舗、民家、マンション・アパートの一室等を活用	保育所、医療施設等で実施するほか、公共施設等で実施	児童館
開設日数等	週3〜4日、週5日、週6〜7日 1日5時間以上	週5日以上 1日5時間以上	週3日以上 1日3時間以上

出典：厚生労働省HP「地域子育て支援拠点事業とは（概要）」
http://www.mhlw.go.jp/bunya/kodomo/dl/kosodate_sien.pdf の「地域子育て支援拠点事業の概要」より抜粋の上、一部修正。

機能を活かして、「子育て全般に関する専門的な支援を行う拠点」としての役割が期待されている点に特徴がある。

ひろば型は、当事者を中心としたNPOなどにより各地ですすめられてきた親子の居場所・交流の場づくりの取り組みがベースとなっている。主体や実施形態も様々であり、開設日数等にも幅がある。従事者についても、「子育て支援に関して意欲があり、子育てに関する知識・経験を有する者」とだけあり、特別な専門資格を取得している必要はない。

こうしたひろば型の拠点には、基本事業を中心としながら、それぞれの条件に応じて、活動の幅を広げていくことが求められている。具体的には、一時預かり事業や放課後児童クラブなど、多様な子育て支援の活動とひろばとを一体的に実施して、関係機関とネットワーク化を図り、よりきめ細かな支援を実施することや、出張ひろばの開設、中高生や大学生等ボランティアの受入・養成、世代間交流や父親サークルの育成などが示されているが、こうした地域の子育て力を高める多様な取り組みの可能性を持つ場所として注目されている。

児童館型は、学齢児童来館前の時間や、あるいは児童館の一部のスペースを子育て支援の場として利用し、地域の親子を支援するものである。ひろば型同様、やはり基本事業を中心に置きながら、幅広い年齢層の子どもが利用する場所であることや、遊びのプログラム活動の経験を豊富に有しているといった児童館ならではの特徴を活かした子育て支援の取り組みが期待されている。

このように、それぞれの特徴に応じて形態や期待される機能は少しずつ異なるが、「地域の親子を支援する」場であることは共通している。では、「地域の親子を支援する」とはどういうことなのか、次に、地域子育て支援拠点の対象と支援の内容について確認していくこととしたい。

（2）　地域子育て支援拠点事業の対象

図4-6をみてほしい。3歳以上の子どもたちの8割以上が保育所や幼稚園に入所しているのに対し、2歳以下の子どもたちでは、その多くが家庭で過ごしていることが分かる。

地域子育て支援拠点は、おもにこうした0～2歳までの乳幼児とその親を

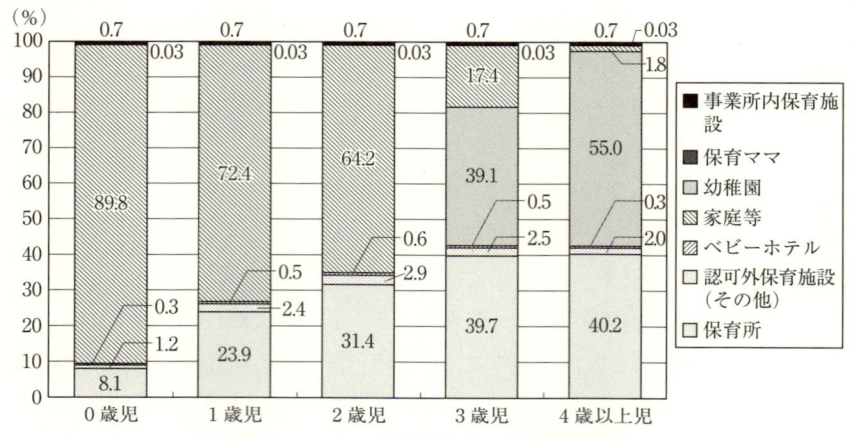

図 4-6　就学前児童が育つ場所

就学前児童数：平成 19 年人口推計年報【総務省統計局（平成 19 年 10 月 1 日現在）】
幼稚園就園児童数：学校基本調査（速報）【文部科学省（平成 20 年 5 月 1 日現在）】
保育所利用児童数：福祉行政報告例（概数）【厚生労働省（平成 20 年 4 月 1 日現在）】
認可外保育施設、ベビーホテル：厚生労働省保育課調べ
保育ママ、事業所内保育施設：厚生労働省保育課調べの年齢計の入所児童数を按分した数値
家庭等：就学前児童数と各施設入所児童数総計との差
出典：厚生労働省 HP　社会保障審議会第 16 回少子化対策特別部会資料「資料 2　すべての子育て家庭に対する支援の仕組みについて」p.1.

対象としている。

　この時期の親子については、いわゆる三歳児神話にみられるように、母親が子育てに専念することが子どもにとって理想的であるとする考え方もある。けれども現実には、図 4-7 に見るように、専業主婦家庭の方が子育ての負担感が大きいことが指摘されている。

　さらに、負担感の内容までふみこんでみると、とりわけ大きく両者の間で差が出ているのが、「自由な時間が持てない」「目が離せないので気が休まらない」という項目である。母親が子どもと四六時中向き合い、疲れ、負担感を増大させているような状況が子どもの健やかな育ちを保障する環境であるとは言えないだろう。さらに、こうした負担感の背景に目を向ければ、子どもや子育てについて学ぶ機会を持たなかったことにより自信が持てない現代の親たちの苦悩や、子育てを周辺から支えてきたはずの様々なつながり、安心してのび

第 4 章　多様な支援の展開と関係機関との連携　101

女性の子育ての負担感

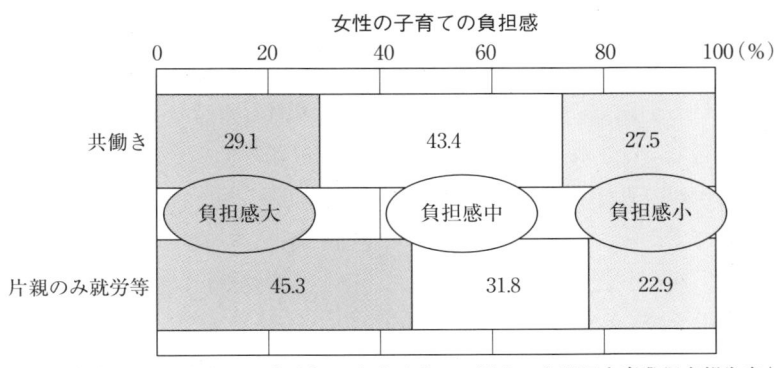

	負担感大	負担感中	負担感小
共働き	29.1	43.4	27.5
片親のみ就労等	45.3	31.8	22.9

資料：(財) こども未来財団「平成12年度子育てに関する意識調査事業調査報告書」（平成13年3月）

子育ての負担感の状況

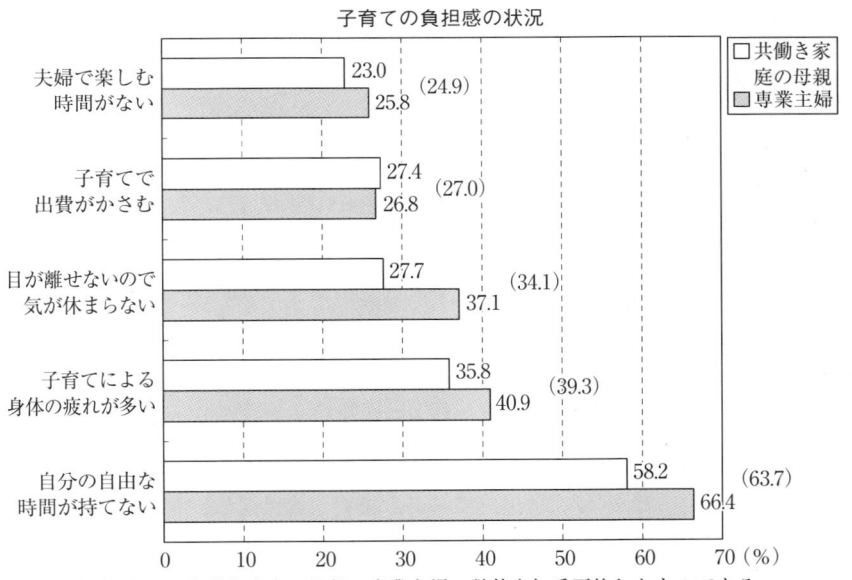

	共働き家庭の母親	専業主婦	（加重平均）
夫婦で楽しむ時間がない	23.0	25.8	(24.9)
子育てで出費がかさむ	27.4	26.8	(27.0)
目が離せないので気が休まらない	27.7	37.1	(34.1)
子育てによる身体の疲れが多い	35.8	40.9	(39.3)
自分の自由な時間が持てない	58.2	66.4	(63.7)

注：（　）内は、共働き家庭の母親、専業主婦の数値を加重平均したものである。
資料：厚生労働省「第2回21世紀出生児推断調査」（2002（平成14）年度）

図 4-7　子育ての負担感

出典：厚生労働省HP　社会保障審議会第16回少子化対策特別部会資料「資料2　すべての子育て家庭に対する支援の仕組みについて」p.3.

のびと子どもが遊べる環境が失われている事実、広い分野にわたる「子ども市場」の影響等、多くの社会的な問題が浮かび上がってくる。

　地域における子育て家庭への支援が、こうした現代日本における子どもの育ちにくさ・育てにくさの背景まで視野に入れた取り組みであることに留意したい。子どもが親の力だけ、家庭の中だけでは育たないこと、親も子も、様々な関係のなかで支えられて初めてその力・可能性を発揮し、成長できるということを前提に、親と子を支え、つなぎ、共に、子どもが健やかに育つことのできる地域、社会をつくっていこうという試みなのである。

（3）地域子育て支援拠点における支援

　では、地域子育て支援拠点で実際に行われている支援とはどのようなものなのだろうか。

　以下、ある地域子育て支援拠点（ひろば型）の活動をとおして、支援内容を具体的にみていくことにしよう。

　地域子育て支援拠点A（ひろば型）は、2005（平成17）年に1市2町が合併して誕生した人口4万人前後の中国地方の都市に所在する。2000（平成12）年4月に、市の直営事業として開設され、2007（平成19）年4月からは、開設当時からのスタッフを中心とした地域のNPO法人が市からの委託を受けて運営している。当初は、地域の勤労者センターの一室を活用して始められたが、その後、地域住民の協力により築100年の民家に移動して活動している。スタッフは11人で、月～木曜の週4日は乳幼児の親子を対象とした子育て支援拠点、土曜日は、様々な人が利用できるふれあい交流拠点として開館している。

1）地域子育て支援の目標と活動の実際

　拠点Aでは、地域子育て支援拠点としての活動に、次のような「3つの柱」を掲げている。地域子育て支援拠点がめざすところを、武田らは、「関係が育つ」「子どもが健やかに育つ」「見よう見まねで親が成長できる」場所であり、「誰もが自分から進んで状況にかかわり、積極的に社会参画して、充実した毎日が送れるような学びと成長の場」と表現しているが[1]、拠点Aの「3つの柱」に基づく実践は、これと同じ方向を志向している。以下、拠点Aの活動

を事例に、地域子育て支援拠点における支援の内容について概観することとしたい。

A拠点が大切にしている「3つの柱」

1. 子育ちの環境 ―ノンプログラム：どう過ごすかは自分で決める―
   ・年齢に応じて必要な経験をする
   ・遊びを通して主体性を育む
   ・子ども同士の世界で育ちあう
   ・親以外の様々な大人とかかわりながら、社会力を育む
2. 親育ちの環境 ―見よう見まねで自然に学ぶ―
   ・わが子以外の子どもとのかかわりから、子どもという存在を理解する
   ・子どもを見守る力をつける
   ・親同士の語り合いの中から様々な気づきを得る（学びあいの場の提供）
   ・主体的な活動への発展
3. スタッフの成長
   ・日々の支援を振り返る（子どもの姿から学ぶ、親の姿から学ぶ）
   ・様々な価値観を受容できるようになる
   ・機関内研修を通して、スタッフ同士が互いに学びあう
   ・自己覚知をすすめる

---

① 子どもの健やかな育ちを支援する

「1. 子育ちの環境」にみられるように、地域子育て支援拠点の役割の第一は、子どもの健やかな育ちを支援する場となることである。拠点Aでは、子どもがゆったりとそれぞれのペースで過ごすことができるよう、ノンプログラムを基本としている。室内外とも、子どもたちが年齢に応じて様々に楽しめる

写真4-1　自由に自分の意志で遊ぶ子ども　　写真4-2　縁側で子どもの遊ぶ様子をみんなで見守る親たち

ようなおもちゃや環境を整える工夫、子どもを尊重したかかわりの配慮（写真4-1）がなされ、また、そうした子どもたちの様子を親たちが共に見守り、わが子という枠を越えて「みんなで育てる」関係づくりを促すような空間づくりやスタッフのかかわりが意識的に行われている（写真4-2）。

② 親の育ちを支援する

現代の親世代が、子どもや子育てについて学ぶ経験に乏しいにもかかわらず、一身にその責任を負わざるを得ない環境の中におかれ、負担感を強くしていることは先述のとおりである。地域子育て支援拠点では、そうした親が、まず子どもと共にゆっくりと過ごすことができる居心地の良い「居場所」となること、そして、そこで様々な親子の姿を見、子どもという存在について自然に学べるような工夫や子育ての悩みや喜びを共有できる仲間作りの支援、さらに、そうした活動への主体的な参画を促す働きかけが日常的に行われている。

親の学びという側面に注目すると、たとえば拠点Aでは、地域の子育てに関する情報を集めた情報コーナーの設置や、拠点Aで過ごす子どもたちの様子からその年齢の子どもの発達について理解できるようなコメント入りの写真掲示の工夫などが行われている。

また、子育てについて様々な角度から学習する「子育て寺子屋」、妊婦さん対象の「ぷれままサロン」、同じ年齢の子ども同士・親同士の仲間作りのための「赤ちゃんサロン」「1～2歳のひろば」等年齢別のグループプログラム（写真4-3）、親が一人ひとりそれぞれの得意分野を活かして順番に講師を務める「くるくる講座」や地球と人にやさしい暮らしについて考える「ナチュラルサロン」等、利用者がそれぞれの関心にあわせて参加できる多彩なプログラムが用意されている。

年齢別のグループプログラムを通して知り合った親たちのなかには、そこでの学習を通して、子どもたちの遊び環境の問題に目を向けるようになり、自ら中心となって地域に冒険遊び場（プレーパーク）を開設するなど、地域づくりに力を発揮している人たちもいる。こうした主体的な参加を促す働きかけは、上記のようなプログラム活動を通してだけではなく、片付けや清掃といった日々の活動のなかに取り入れられており（写真4-4）、利用者は自然に、単な

る「お客さん」ではなくひろばの一員としてそれらの仕事に加わることを受け入れていく。

このように、地域子育て支援拠点には、親が、親として成長すると同時に、一人の人間として視野を広げ、地域社会の担い手として積極的に社会参画していくようなきっかけを提供する場としての可能性も有しているといえる。

写真4-3　1～2歳のひろば
わらべうたや外遊びで交流したり、子どもの成長についてみんなで話し合う

写真4-4　掃除の様子
掃除はみんなで協力しておこなう

③　拠点の可能性を広げる取り組み

他にも、異年齢交流や子ども・子育てについて学んでもらう機会の提供など、拠点の可能性を広げる試みとして、拠点Aでは、小・中・高校生や、大学生など若い世代の体験学習やボランティアも積極的に受け入れている。

また、バザーの開催や地域の伝統的な祭りへの参加・協力など地域とのつながりづくりや、自治体や企業と協力して行っている子育て中の男性を対象とした「お父さん応援プログラム」の実施など、地域の様々な団体や機関との連携も模索されている。

なかでも、拠点Aの関係者も結成当初から参加している子どもの育ち・子育てに関心を持つ個人や団体などを広く緩やかにつなぐ子育てネットワークは、地域における課題について、行政関係者、研究者、NPOや企業関係者、教育者、子育て当事者などが、広く様々な視点から意見を交流し、共にできることを考え取り組んでいくという画期的な組織として発展している。

地域子育て支援拠点（ひろば型）については、基本事業の他にも、その機能を拡充したり、ひろばから外に出てより積極的な活動を展開することなどが期待されていることは前述のとおりだが、拠点Aに見られるように、その可能性を広げる試みは、実際にはそれぞれの地域や拠点がおかれている条件に応じて多様な形で進められているのである。

2）地域子育て支援拠点におけるスタッフの役割

　ひろばが居心地のよい場所となりこれまでみてきたような可能性を発揮できる場となるかどうかは、ひとえにスタッフのあり方にかかわっていると言ってよい。

　拠点Aが、「スタッフの成長」を課題に掲げ、活動のなかにふりかえりや機関内研修の実施を位置づけているのはそのためである。

　地域子育て支援にかかわるスタッフには、それにふさわしい知識・技術・態度・能力があることが指摘されており、拠点活動の指標となるガイドラインの作成・普及も進められている[2]。武田らは、地域子育て支援に携わるスタッフに必要な力の目安となるリストを、拠点における支援の展開過程に即して作成した。らせん状のサイクルを描きながら発展していく支援のプロセスと、それぞれの過程で求められる支援者の力を項目化したものが、図4-8である[3]。

　保育所や幼稚園などとは異なり、地域子育て支援拠点は一期一会の出会いの場である。

　たとえば、初めての親子がやってきたとする。そのとき、スタッフがその親子を放ったまま、スタッフ同士や常連の利用者と話をして盛り上がっているようななかに、この親子が気兼ねなく入っていけるかどうか、落ち着いて過ごすことができるかどうか。悩みや困難を抱えてやっとの思いで訪ねてきたかもしれない親子を、つながりの輪から閉め出すことになってしまうかもしれないのである。支援の場が支援の場として機能するかどうかは、ことほどさように、スタッフのあり方に大きく左右される。スタッフ一人ひとりの力量を向上させること、そして拠点全体としての支援の質を高めていくことはとても重要である。

第4章 多様な支援の展開と関係機関との連携　107

① 環境を設定する
❶居心地のよい場をつくる
❷安心感のある場をつくる
❸病気や事故予防に配慮した場をつくる
❹利用者の主体性を尊重した場をつくる
❺人と人の関係が生まれる場をつくる
❻子どもの支援ができる場をつくる
❼親の支援ができる場をつくる

② 関係をつくる
❽親しみやすい雰囲気をもつ
❾公平に接する
❿対等な関係をもつ
⓫対応を相手に合わせる
⓬仲間づくりを促す
⓭場の全体に気を配る

⑤ 振り返る・学ぶ
㉚チームワークを尊重する
㉛活動の分析を行う
㉜実践のために学ぶ

④ 支援する
㉑肯定的関心をもって話を聴く・接する
㉒他人の気持ちを想像し、共感的な対応をする
㉓わかりやすく伝える
㉔相手が自分の力に気づく働きかけをする
㉕子どもの育ちを支援する
㉖特別なニーズをもつ子どもを関係して支援する
㉗親と子の関係を支援する
㉘ねばり強く支援し続ける
㉙自分が対応できる親子かどうかの判断をする

③ 課題を知る
⓮気軽な相談を大切に受け止める
⓯課題がある親子に気づく
⓰人としての存在を尊重する
⓱多様性を受け入れる
⓲個別の問題を関係性の問題としてとらえる
⓳相手の問題のとらえ方を把握する
⓴寛容な雰囲気の場をつくる

図4-8 支援のプロセスとコンピテンシー

出典：子育て支援者コンピテンシー研究会編著『育つ・つながる子育て支援　具体的な技術・態度を身につける32のリスト』
チャイルド本社　2009年の目次より作成。

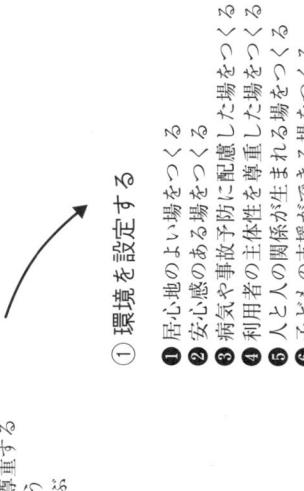

3. 地域子育て支援拠点の課題

これまで概観してきたように、地域子育て支援拠点は、親子の育ちを支える場として、また子どもの育つ環境としての地域づくり、つながりづくりの場として期待され、現場ではそれに応えるような実践への努力が重ねられている。

拠点Aのような全国のひろばの利用者に対するアンケート調査では、ひろばの利用が、利用者の子育てに関する知識・情報を高め、ストレスの軽減や孤立感の解消などの効果をもたらしていることが明らかとなっている。また、他の親子のために自分が出来ることを考えるようになったという回答が6割近くに達し、さらに実際に地域の中で活動するようになったとする回答も20%近くにのぼっているなど、親の育ちを促す場としての効果も注目される（図4-9）。

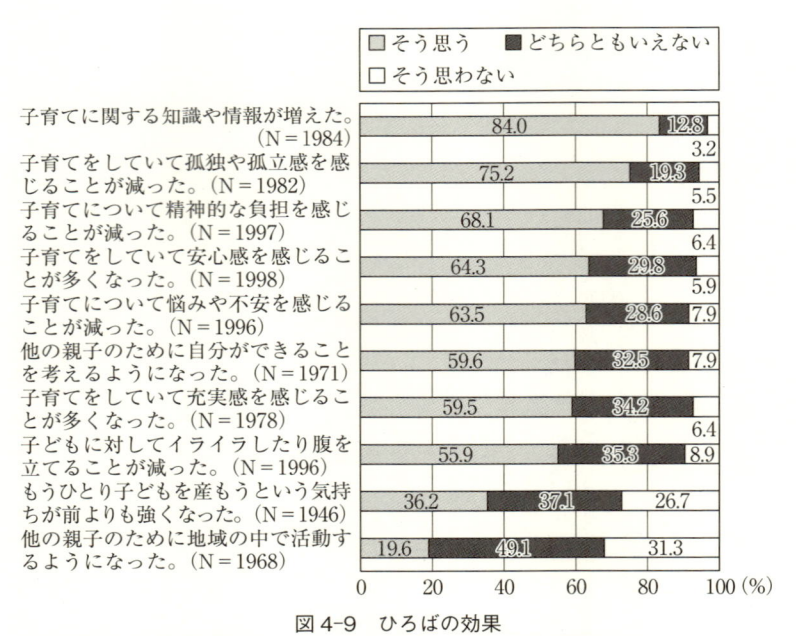

項目	そう思う	どちらともいえない	そう思わない
子育てに関する知識や情報が増えた。(N=1984)	84.0	12.8	3.2
子育てをしていて孤独や孤立感を感じることが減った。(N=1982)	75.2	19.3	5.5
子育てについて精神的な負担を感じることが減った。(N=1997)	68.1	25.6	6.4
子育てをしていて安心感を感じることが多くなった。(N=1998)	64.3	29.8	5.9
子育てについて悩みや不安を感じることが減った。(N=1996)	63.5	28.6	7.9
他の親子のために自分ができることを考えるようになった。(N=1971)	59.6	32.5	7.9
子育てをしていて充実感を感じることが多くなった。(N=1978)	59.5	34.2	6.4
子どもに対してイライラしたり腹を立てることが減った。(N=1996)	55.9	35.3	8.9
もうひとり子どもを産もうという気持ちが前よりも強くなった。(N=1946)	36.2	37.1	26.7
他の親子のために地域の中で活動するようになった。(N=1968)	19.6	49.1	31.3

図4-9　ひろばの効果
出典：渡辺顕一郎編著『地域で子育て　地域全体で子育て家庭を支えるために』島書店　2006年　p.85.

他方、ひろばのリソースについては、スタッフの存在や対応、子どもが楽しそうに遊んでいることや遊具・絵本、親子で楽しめるような活動や行事が充実していること、あるいは親も子どもも仲間が増えたということなどが評価されている（図4-10）。調査を行った渡辺は、これらの結果から、ひろばの活動の基本に、「親子を迎え入れ、つなぎ、居心地の良い場を創造すること」「利用者同士の相互の交流をとおして、ピアサポートやエンパワーメントを促すようなかかわり」が位置づけられるべきであり、こうした「土台」の上に、相談援助や情報提供、親教育、レスパイト（一時預かり）などの家族支援プログラムや、地域ネットワークの一翼として、他機関・施設との連携による地域全体での家族支援が展開されるなどの発展方向を展望している[4]。事例として紹介した拠点Aも、渡辺が指摘するような「土台」を基礎として、その中からすくい上げた課題に応える形で一歩一歩「らせん状のプロセス」を経て活動の幅を広げてきた。

山縣は、拠点をはじめ様々な場で取り組まれている家族援助の目標を、「家

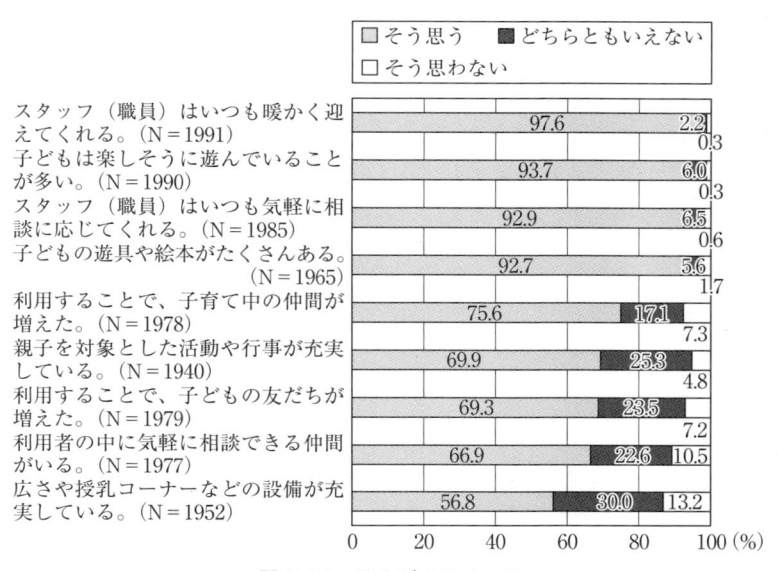

項目	そう思う	どちらともいえない	そう思わない
スタッフ（職員）はいつも暖かく迎えてくれる。(N=1991)	97.6	2.2	0.3
子どもは楽しそうに遊んでいることが多い。(N=1990)	93.7	6.0	0.3
スタッフ（職員）はいつも気軽に相談に応じてくれる。(N=1985)	92.9	6.5	0.6
子どもの遊具や絵本がたくさんある。(N=1965)	92.7	5.6	1.7
利用することで、子育て中の仲間が増えた。(N=1978)	75.6	17.1	7.3
親子を対象とした活動や行事が充実している。(N=1940)	69.9	25.3	4.8
利用することで、子どもの友だちが増えた。(N=1979)	69.3	23.5	7.2
利用者の中に気軽に相談できる仲間がいる。(N=1977)	66.9	22.6	10.5
広さや授乳コーナーなどの設備が充実している。(N=1952)	56.8	30.0	13.2

図4-10　ひろばのリソース
出典：図4-9に同じ、p.86.

族援助の5つの理念」として次のようにまとめている[5]。

①子どもへの適切な関心を高める。
②子どもと親がともに育ち合う関係を育てる。
③一人ひとりの生きる力を培う。
④地域とつながり地域の一員となる力を育む。
⑤まちをつくっていく基礎を固める。

　利用者である親子に対して、子どもの育ちにかかせない遊び環境や多様な人とのつながりの場となること、そしてそれを見守る親が親として成長し親子がよりよい関係を築くことができるよう支援すること、さらに、そうした支援の過程で、親も子も自分の力に気づき地域づくりやまちづくりの担い手として成長することができるような働きかけを行うこと。先の調査の結果からも、全国の多くの拠点がそうした役割を果たしていることが分かる。

　しかし、期待が高まる一方で、課題も多く残されている。たとえば、支援にあたって最も基本となるのは環境づくりであることは既述のとおりである。けれども、拠点として確保できた場所が、安全に落ち着いて、年齢の異なる子どもたちが遊び、くつろげる場所という条件を備えていないなかで苦慮している例は少なくない。スタッフはほとんど無償、運営費も運営主体であるNPOなどが持ち出しでやりくりせざるを得ない例もある。「児童福祉法」に位置づけられた事業として、それにふさわしい財政的な基盤が保障されること、改善を望めば「自助努力」を迫られるといった状況をあらためることは喫緊の課題であろう。

　そうした基盤整備と共に、各拠点においては、スタッフが拠点としての方向性を共有し、チームとして力量を高めることができるようスタッフの研修を活動のなかに位置づけることや、地域の関係機関や施設、企業、町内会など多様なつながりづくりを意識的に追求し、地域づくりのための連携をすすめていく取り組みも重要である。

　このように、地域子育て家庭への支援は、一組ひと組の親子への支援であると同時に、親子が暮らす環境としての地域づくりの支援であることを最後に確認しておきたい。安心して親子が暮らすことのできる自然環境、人と人とのつ

ながりなど、子どもという存在を中心においたとき、私達にとって真に必要な地域環境の姿はより明確となる。地域子育て支援とは、地域の親子と親子を取り巻く人々が、それを共有し、共につくりだしていく試みなのである。

第4節　要保護児童及びその家庭に対する支援

(1) 要保護児童と社会的養護の現状
1) 要保護児童
　要保護児童を発見した者は、これを市町村、都道府県の設置する福祉事務所若しくは児童相談所又は児童委員を介して市町村、都道府県の設置する福祉事務所若しくは児童相談所に通告しなければならない(「児童福祉法」25条)。ただし、罪を犯した満14歳以上の児童については、この限りでない。この場合においては、これを家庭裁判所に通告しなければならない。

2) 社会的養護の現状
　保護者のいない児童や虐待されている児童など保護を要する児童に対して、里親委託や乳児院・児童養護施設などへの入所措置がとられる。厚生労働省による各種の統計によれば、現在、表4-8に示すような数の児童が社会的養護を受けていて、それに対応する施設・職員が存在する。

3) 要保護児童対策に関する厚生労働省予算
　児童虐待への対応など要保護児童対策等の充実として、厚生労働省は2011(平成23)年度は914億円計上している。このうち虐待を受けた子ども等への支援として858億円が計上されている。児童家庭支援センターの充実としては、子どもや保護者に対する相談・支援体制を強化するため、児童家庭支援センターを108か所に増やすとともに、同センターにおける心理療法担当職員による支援体制の強化を図ることとされている。また、要保護児童等に対する社会的養護の充実として855億円が計上され、虐待を受けた児童など要保護児童が入所する児童養護施設や里親等について受け入れ児童数の拡大を図るとともに、施設におけるケア単位の小規模化や退所児童等の自立に向けた支援等

表 4-8 社会的養護の現状

保護者のない児童、被虐待児など家庭環境上養護を必要とする児童などに対し、公的な責任として、社会的に養護を行う。対象児童は、約4万7千人。このうち、家庭的養護に委託、約3万人。児童養護施設は約3万人。

里親	家庭における養育を里親に委託	登録里親数	委託里親数	委託児童数		ファミリーホーム	養育者の住居において家庭的養護を行う（定員5～6名）
		7,180人	2,837人	3,836人		ホーム数	49か所
	区分（里親は重複登録有り）	養育里親	5,823人	2,296人	3,028人		
		専門里親	548人	133人	140人	委託児童数	219人
		養子希望里親	1,451人	178人	159人		
		親族里親	342人	341人	509人		

施設	乳児院	児童養護施設	情緒障害児短期治療施設	児童自立支援施設	母子生活支援施設	自立援助ホーム
対象児童	乳児（特に必要な場合は、幼児を含む）	保護者のない児童、虐待されている児童その他環境上養護を要する児童（特に必要な場合は、乳児を含む）	軽度の情緒障害を有する児童	不良行為をなし、又はなすおそれのある児童及び家庭環境その他の環境上の理由により生活指導等を要する児童	配偶者のない女子又はこれに準ずる事情にある女子及びその者の監護すべき児童	義務教育を終了した児童であって、児童養護施設等を退所した児童等
施設数	124か所	575か所	33か所	58か所	272か所	59か所
定員	3,794人	34,569人	1,539人	4,043人	5,430世帯	399人
現員	2,968人	30,594人	1,111人	1,545人	4,002世帯 児童5,897人	283人
職員総数	3,861人	14,892人	831人	1,894人	1,995人	256人

地域小規模児童養護施設	458か所
	190か所

資料：福祉行政報告例（平成22年3月末現在）、社会福祉施設等調査報告（平成20年10月1日現在）
※職員数は、家庭福祉課調
※児童自立支援施設は、国立2施設を含む（家庭福祉課調）
※自立援助ホームは、家庭福祉課調（施設数は平成22年3月末現在、その他は同年3月1日現在）
※小規模グループケア、地域小規模児童養護施設は家庭福祉課調（平成22年3月末現在）

出典：「社会的養護の現状について」厚生労働省ホームページ
www.mhlw.go.jp/stf/shingi/2r9852000018h6g-att/2r9852000018h17.pdf

を推進することとしている。

4) 要保護児童対策地域協議会

地方公共団体は、要保護児童の適切な保護又は要支援児童もしくは特定妊婦への適切な支援を図るため、関係機関、関係団体及び児童の福祉に関連する職務に従事する者その他の関係者により構成される要保護児童対策地域協議会を置くように努めなければならない（法25条の2）。要保護児童対策地域協議会は、要保護児童もしくは要支援児童及びその保護者又は特定妊婦に関する情報その他要保護児童の適切な保護又は要支援児童もしくは特定妊婦への適切な支援を図るために必要な情報の交換を行うとともに、要保護児童等に対する支援の内容に関する協議を行う機関である。

（2） 児童養護施設

児童養護施設は、保護者のない児童（乳児を除く、ただし安定した生活環境の確保その他の理由により特に必要のある場合には乳児を含む）、虐待されている児童その他環境上養護を要する児童を入所させて、これを養護し、あわせて退所した者に対する相談その他の自立のための援助を行うことを目的とする施設である（法41条）。なお、児童養護施設は、措置入所された児童に対する支援のほか、保護者の疾病その他の理由により家庭において養育を受けることが一時的に困難となった児童についての子育て短期支援事業（ショートステイとトワイライトステイ）も実施している（法6条の2第3項）。

1) 職員・設備

① 職員

児童養護施設には、児童指導員、嘱託医、保育士、栄養士及び調理員を置かなければならない（「児童福祉施設最低基準」42条）。ただし、児童40人以下を入所させる施設にあっては栄養士を、調理業務の全部を委託する施設にあっては調理員を置かないことができる。児童指導員は、児童福祉施設の職員を養成する学校その他の養成施設を卒業した者などを資格要件としている（同43条）。児童指導員及び保育士の総数は、通じて、満3歳に満たない幼児おおむね2人につき1人以上、満3歳以上の幼児おおむね4人につき1人以上、少

年おおむね6人につき1人以上置かなければならない。児童指導員及び保育士のうち少なくとも1人を児童と起居を共にさせなければならない（同46条）。職業指導を行う場合には、職業指導員も置かなければならない（同42条2項）。

　なお、現行の基準は1979（昭和54）年に定められたが、児童養護施設には虐待を受けた子どもの入所が増加している。これらに対応するため、厚生労働省は、児童指導員・保育士1人当たりの子どもの基準を減らすことによって職員増を図る方針を決めている。

　② 設備

　児童養護施設の設備の基準は、次のように定められている（最低基準41条）。

- ・児童の居室、調理室、浴室及び便所を設ける
- ・児童の居室の1室の定員は15人以下、面積は1人につき3.3m^{2}以上
- ・入所している児童の年齢等に応じ、男子と女子の居室を別にする
- ・便所は、男子用と女子用とを別にする
- ・児童30人以上を入所させる児童養護施設には、医務室及び静養室を設ける
- ・入所している児童の年齢、適性等に応じ職業指導に必要な設備を設ける

　なお、厚生労働省は、子ども1人あたりの面積基準を約5m^{2}に改正する方針である。

3）生活指導等及び自立支援計画など

　① 生活指導及び家庭環境の調整

　入所児童は発達途上で人生の基盤をつくる重要な時期にあり、適切な生活指導がなされることが必要である。また、家庭での養育を受けることのできる環境を関係機関との密接な連携の下に調整することも児童養護施設の使命である。

　児童養護施設における生活指導は、児童の自主性を尊重し、基本的生活習慣を確立するとともに豊かな人間性及び社会性を養い、児童の自立を支援することを目的として行わなければならない（最低基準44条1項）。児童養護施設

の長は、児童の家庭の状況に応じ、その家庭環境の調整を行わなければならない（同2項）。また、児童養護施設の長は、児童の通学する学校及び児童相談所並びに必要に応じ児童家庭支援センター・児童委員・公共職業安定所等関係機関と密接に連携して児童の指導及び家庭環境の調整に当たらなければならない（同47条）。

　一方で、生活指導等に名を借りた施設内虐待は許されない。施設職員等は、被措置児童等虐待その他被措置児童等の心身に有害な影響を及ぼす行為をしてはならない（法33条の11）。2008（平成20）年11月、「児童福祉法」が改正され33条の10以下で「被措置児童等虐待の防止等」が定められた（2009（平成21）年4月施行）。被措置児童等虐待とは、児童養護施設等の長・職員が被措置児童等について次のような行為を行うことである。即ち、1. 被措置児童等の身体に外傷が生じ、又は生じるおそれのある暴行を加えること。2. 被措置児童等にわいせつな行為をすること又は被措置児童等をしてわいせつな行為をさせること。3. 被措置児童等の心身の正常な発達を妨げるような著しい減食又は長時間の放置等、施設職員等としての養育又は業務を著しく怠ること。4. 被措置児童等に対する著しい暴言又は著しく拒絶的な対応その他の被措置児童等に著しい心理的外傷を与える言動を行うことである。

② 職業指導

　児童養護施設退所後も見据えて、自立した生活基盤を築き、安定した経済生活を送らせるための指導も、生活指導と同じく重視されなければならない。

　児童養護施設における職業指導は、勤労の基礎的な能力及び態度を育てることにより、児童の自立を支援することを目的として、児童の適性、能力等に応じて行わなければならない（最低基準45条）。職業指導は、営利を目的とせず、かつ、児童の福祉を損なうことのないよう行わなければならない。私人の設置する児童養護施設の長は、当該児童養護施設内において行う職業指導に付随する収入があったときには、その収入を適切に処分しなければならない。児童養護施設の長は、必要に応じ当該児童養護施設外の事業場等に委託して児童の職業指導を行うことができる。ただし、この場合、児童が当該事業場から受け取る金銭の使途については、これを貯金させる等有効に使用するよう指導

しなければならない。

③　自立支援計画

　現在、介護保険制度や障害者自立支援制度においても、利用者の支援のための計画を作成しその計画に基づき個々の援助活動がなされることとなっている。児童養護の現場においても、計画に基づいた支援が必要とされている。児童養護施設の長は、生活指導・家庭環境の調整・職業指導などの目的を達成するため、入所中の個々の児童について、児童やその家庭の状況等を勘案して自立支援計画を策定しなければならない（最低基準45条の2）。

4）児童自立生活援助事業（自立援助ホーム）

　児童自立生活援助事業は、義務教育終了児童等に対し共同生活を営むべき住居において相談その他の日常生活上の援助及び生活指導並びに就業の支援を行う事業である（法33条の6）。義務教育終了児童等が自立した日常生活及び社会生活を営むことができるよう、児童自立生活援助を行い、あわせて、児童自立生活援助の実施を解除された者につき相談その他の援助を行う（「児童福祉法施行規則」36条の3）。

　児童自立生活援助事業実施要綱によれば、児童自立生活援助事業は、児童の自立支援を図る観点から、義務教育終了後、児童養護施設・児童自立支援施設等を退所し、就職する児童等に対し、自立援助ホームにおいて、相談その他の日常生活上の援助及び生活指導並びに就業の支援を行い、あわせて援助の実施を解除された者への相談その他の援助を行うことにより、社会的自立の促進に寄与することを目的としている。

　対象児童は、義務教育を終了した20歳未満の児童等であって、次のいずれかに該当するものとして、都道府県により援助の実施が必要とされたものである。①小規模住居型児童養育事業を行う者もしくは里親に委託する措置又は児童養護施設・情緒障害児短期治療施設・児童自立支援施設に入所させる措置を解除されたもの、②①以外の児童であって、都道府県知事が当該児童の自立のために援助及び生活指導等が必要と認めたもの。

　児童自立生活援助事業者は、児童自立生活援助事業所の入居者及び児童自立生活援助の実施を解除された者であって相談その他の援助を受ける者に対し、

就業に関する相談、その適性に応じた職場の開拓、就職後における職場への定着のために必要な指導その他の必要な支援を行う。また、児童自立生活援助事業者は、利用者に対し、対人関係、健康管理、余暇活用及び家事その他の利用者が自立した日常生活及び社会生活を営むために必要な事項に関する相談、指導その他の援助を行う（施行規則36条の4）。

児童自立生活援助事業所の入居定員は、5人以上20人以下である（同36条の14）。児童自立生活援助事業所ごとに、指導員及び管理者を置かなければならない（同36条の8）。

（3）乳児院

乳児院は、乳児を入院させて養育し、あわせて退院した者について相談その他の援助を行うことを目的とする施設である（「児童福祉法」37条）。なお、乳児には、保健上、安定した生活環境の確保その他の理由により特に必要のある場合には、幼児を含む。

乳児院における養育は、乳児の健全な発育を促進し、その人格の形成に資することとなるものでなければならない。養育の内容は、乳幼児の年齢及び発達の段階に応じて必要な授乳、食事、排泄、沐浴、入浴、外気浴、睡眠、遊び及び運動のほか、健康状態の把握、健康診断及び必要に応じて行う感染症等の予防処置を含む（「児童福祉施設最低基準」23条）。

1）職員・設備

① 職員

乳児10人以上を入所させる乳児院には、小児科の診療に相当の経験を有する医師又は嘱託医、看護師、栄養士及び調理員を置かなければならない（最低基準21条）。ただし、調理業務の全部を委託する施設は調理員を置かないことができる。看護師の数は、おおむね乳児の数を1.7で除して得た数以上（最低7人）を置く。看護師は、保育士又は児童指導員をもって代えることができる。ただし、乳児10人の乳児院には2人以上、乳児が10人を超える場合は、おおむね10人増すごとに1人以上看護師を置かなければならない。乳児10人未満を入所させる乳児院には、嘱託医、看護師及び調理員又はこれに代わる

べき者を置かなければならない。看護師の数は7人以上であるが、その1人を除き、保育士又は児童指導員をもって代えることができる（同22条）。
　② 設備
　乳児10人以上が入所する乳児院は次の設備を必要とする（最低基準19条）。
・寝室、観察室、診察室、病室、ほふく室、調理室、浴室及び便所
　（寝室及び観察室の面積は、それぞれ乳児1人につき1.65m^{2}以上）
　乳児10人未満が入所する乳児院の設備の基準は次のとおりである（同20条）。
・乳児の養育に専用の室（1室につき9.91m^{2}以上、乳児1人につき1.65m^{2}以上）

2）自立支援計画の策定等
　児童養護施設同様、乳児院においても自立支援計画を策定することとされている。乳児院の長は、入所中の個々の乳児について、乳児やその家庭の状況等を勘案して、その自立を支援するための計画を策定しなければならない（最低基準24条の2）。また、乳児院の長は、乳児の保護者及び必要に応じ当該乳児を取り扱った児童福祉司又は児童委員と常に密接な連絡をとり、乳児の養育につき、その協力を求めなければならない（同25条）。

(4) 里 親
　里親とは、養育里親及び厚生労働省令で定める人数以下の要保護児童を養育することを希望する者であって、養子縁組によって養親となることを希望するものその他のこれに類する者として厚生労働省令で定めるもののうち、都道府県知事が児童を委託する者として適当と認めるものをいう（「児童福祉法」6条の3）。
　2011（平成23）年3月30日の厚生労働省雇用均等・児童家庭局長通知「里親委託ガイドライン」の「概要」では、里親委託の意義として、①何らかの事情により家庭での養育が困難となった子ども等に、家庭環境の下で養育を提供する里親制度は、子どもの健全な育成を図る有意義な制度である、②社会的養護を必要とする子どもは、様々な課題を抱えており、多様な子どもに対応でき

る里親を開拓し、社会的養護の担い手としての里親の集団を形成する必要がある、としている。

　また、同「概要」では、里親委託優先の原則として、家族を基本とした家庭は、子どもの成長、福祉及び保護にとって自然な環境であることを謳っている。里親家庭に委託することにより期待できる効果として、①特定の大人との愛着関係の下で養育されることにより、安心感、自己肯定感、基本的信頼感を育むことができる、②家庭生活を体験し、将来、家庭生活を築く上でのモデルとすることができる、③家庭生活での人間関係を学び、地域社会での社会性を養い、生活技術を獲得できる、などを挙げている。

　里親の種類は、養育里親、親族里親、短期里親及び専門里親がある（里親の認定等に関する省令2条）。養育里親とは、厚生労働省令で定める人数以下の要保護児童を養育することを希望し、かつ、都道府県知事が省令で定めるところにより行う研修を修了したこと等の要件を満たす者であって、養育里親名簿に登録されたものをいう（法6条の3第2項）。養育里親は、保護者のない児童又は保護者に監護させることが不適当であると認められる児童（要保護児童）を養育する里親として認定（里親認定）を受けた者である（前記省令4条）。親族里親は、当該親族里親の3親等内の親族であること、両親その他要保護児童を現に監護する者が死亡・行方不明又は拘禁等の状態となったことにより養育が期待できないことという要件を満たす要保護児童を養育する里親として里親認定を受けた者である（同14条）。短期里親は、1年以内の期間を定めて、要保護児童を養育する里親として里親認定を受けた者である（同16条）。専門里親は、2年以内の期間を定めて、要保護児童のうち、児童虐待の防止等に関する法律2条に規定する児童虐待等の行為により心身に有害な影響を受けた児童を養育する里親として里親認定を受けた者である（同18条）。

　里親が行う養育は、委託児童の自主性を尊重し、基本的な生活習慣を確立するとともに、豊かな人間性及び社会性を養い、委託児童の自立を支援することを目的として行われなければならない（里親が行う養育に関する最低基準4条）。また、里親は養育を効果的に行うため、都道府県等が行う研修を受け、その資質の向上を図るように努めなければならない（同2項）。里親が行う養

育に関する最低基準では、教育（7条）・健康管理等（8条）・衛生管理（9条）のほか、虐待等の禁止（6条）・懲戒に係る権限の濫用禁止（6条の2）についても定めている。なお、里親は、児童相談所長があらかじめ当該里親並びにその養育する委託児童及びその保護者の意見を聴いて当該委託児童ごとに作成する自立支援計画に従って、当該委託児童を養育しなければならない（10条）。

なお、里親には里親手当が月額7万2,000円支給される（2011（平成23）年度現在）。2人目以降は3万6,000円ずつ加算される。専門里親には同12万3,000円が支給される。2009（平成21）年までは、里親手当は月額3万4,000円（専門里親は同9万200円）、であったが、家庭的な環境の中で生活が可能な里親による養育を普及するため増額された。ただし、3親等内の親族が里親のときは、原則として里親手当が支給されない（東日本大震災の震災孤児を養育する伯叔父・伯叔母は例外）。里親には、このほか児童の一般生活費（月額4万7,680円、乳児は5万4,980円）など必要経費が支給される。里親が新たに子どもを受け入れるときには、被服・寝具の準備が必要となるが、これは里親受託支度費（4万2,600円）が支給される。

（5） 障がい児のための施設
1） 障がい児の状況
厚生労働省等の調査による3障がいごとの人数及び在宅・施設入所の内訳は以下のとおりである。障がい児においても重度化が進みつつある。

2） 現行の障がい児施設体系
① 知的障害児施設は、知的障害のある児童を入所させて、これを保護し、又は治療するとともに、独立自活に必要な知識技能を与えることを目的とする施設である（「児童福祉法」42条）。

② 知的障害児通園施設は、知的障害のある児童を日々保護者の下から通わせて、これを保護するとともに、独立自活に必要な知識技能を与えることを目的とする施設である（法43条）。

③ 盲ろうあ児施設は、盲児（強度の弱視児を含む）又はろうあ児（強度の難聴児を含む）を入所させて、これを保護するとともに、独立自活に

表4-9　3障害ごとの人数及び在宅・施設入所の内訳

	総数	在宅者	施設入所者
身体障害児18歳未満	9.8万人	9.3万人	0.5万人
知的障害児18歳未満	12.5万人	11.7万人	0.8万人
精神障害者20歳未満	16.4万人	16.1万人	0.3万人

出典：「身体障害者」在宅者：厚生労働省「身体障害児・者実態調査」（平成18年）
　　　　　　　　　施設入所者：厚生労働省「社会福祉施設等調査」（平成18年）等
　　　「知的障害者」在宅者：厚生労働省「知的障害児（者）基礎調査」（平成17年）
　　　　　　　　　施設入所者：厚生労働省「社会福祉施設等調査」（平成17年）
　　　「精神障害者」在宅者：厚生労働省「患者調査」（平成17年）
　　　　　　　　　施設入所者：厚生労働省「患者調査」（平成17年）
　　　　　　　　　　　　　　　　　　　　　　　　　　　　　　　　　　　　　　などを一部改変

必要な指導又は援助をすることを目的とする施設である（法43条の2）。
④　肢体不自由児施設は、肢体不自由のある児童を治療するとともに、独立自活に必要な知識技能を与えることを目的とする施設である（法43条の3）。
⑤　重症心身障害児施設は、重度の知的障害及び重度の肢体不自由が重複している児童を入所させて、これを保護するとともに、治療及び日常生活の指導をすることを目的とする施設である（法43条の4）。
⑥　情緒障害児短期治療施設は、軽度の情緒障害を有する児童を、短期間、入所させ、又は保護者の下から通わせて、その情緒障害を治し、あわせて退所した者について相談その他の援助を行うことを目的とする施設である（法43条の5）。

3）「障害者自立支援法」の改正

「自立支援法」が廃止され新法が成立するまでに必要最小限度の改正を内容とする「改正障害者自立支援法」（いわゆる「つなぎ法」）が2010（平成22）年12月3日成立した。これは2013（平成25）年8月までの同法廃止と新法施行までの「つなぎ」として位置づけられている。この改正で障がい児関係についても施設・事業の改正がなされた。障害児支援を強化し、「児童福祉法」を基本とした身近な支援の充実を図ることを内容としている。これらは2012

（平成 24）年 4 月施行予定である。障がい児の定義について「精神に障害のある児童（発達障害者支援法に規定する発達障害児を含む）」も加えられた。この「つなぎ法」の内容は以下のようなものである。

　障がいを持つ子どもが身近な地域でサービスを受けられる支援体制が必要であることに対しては、重複障がいに対応するとともに、身近な地域で支援を受けられるよう、障がい種別等に分かれている現行の障害児施設（通所・入所）について一元化される。在宅サービスや児童デイサービスの実施主体が市町村になっていることも踏まえ、通所サービスについては市町村を実施主体とすることとなった。入所施設の実施主体は引き続き都道府県である。

　放課後や夏休み等における居場所の確保や保育所等に通う障害児に対して集団生活への適応のための支援が必要であることについては、学齢期における支援の充実のための「放課後等デイサービス」、保育所等を訪問し専門的な支援を行う「保育所等訪問支援」が創設された。

　通所による支援は、現在、「障害者自立支援法」に基づく児童デイサービスと、「児童福祉法」に基づく知的障害児通園施設・盲ろうあ児施設・難聴幼児通園施設・肢体不自由児施設・肢体不自由児通園施設・重症心身障害児者通園事業があるが、今回の改正で「児童福祉法」に基づく障害児通所支援に再編される。障害児通所支援は児童発達支援、医療型児童発達支援、放課後等デイサービス、保育所等訪問支援からなる。福祉型児童発達支援センターは、日常生活における基本的動作の指導、独立自活に必要な知識技能の付与又は集団生活への適応のための訓練を目的とし、医療型児童発達支援センターはそれに治療が目的として加わる。

　入所による支援は、現在、「児童福祉法」に基づき知的障害児施設（知的障害児施設・第 1 種自閉症児施設・第 2 種自閉症児施設）、盲ろうあ児施設（盲児施設・ろうあ児施設）、肢体不自由児施設（肢体不自由児施設・肢体不自由児療護施設）、重症心身障害児施設があるが、改正後は「児童福祉法」に基づく障害児入所支援（福祉型・医療型）に再編される。障害児入所施設のうち、福祉型障害児入所施設は、保護、日常生活の指導及び独立自活に必要な知識技能の付与を目的とし、医療型障害児入所施設はそれに治療が加わる。

第4章　多様な支援の展開と関係機関との連携　123

○　障害児支援の強化を図るため、現行の障害種別ごとに分かれた施設体系について、通所・入所の利用形態の別により一元化。

《障害者自立支援法》　【市町村】
児童デイサービス

《児童福祉法》　【都道府県】
知的障害児通園施設
難聴幼児通園施設
肢体不自由通園施設（医）
重症心身障害児（者）通園事業（補助事業）

↳ 通所サービス →

《児童福祉法》　【市町村】
障害児通所支援
・児童発達支援
・医療型児童発達支援
（新）・放課後等デイサービス
・保育所等訪問支援

知的障害児施設
第一種自閉症児施設（医）
第二種自閉症児施設

盲児施設
ろうあ児施設

肢体不自由児施設（医）
肢体不自由児療護施設

重症心身障害児施設（医）

↳ 入所サービス →

【都道府県】
障害児入所支援
・福祉型
・医療型

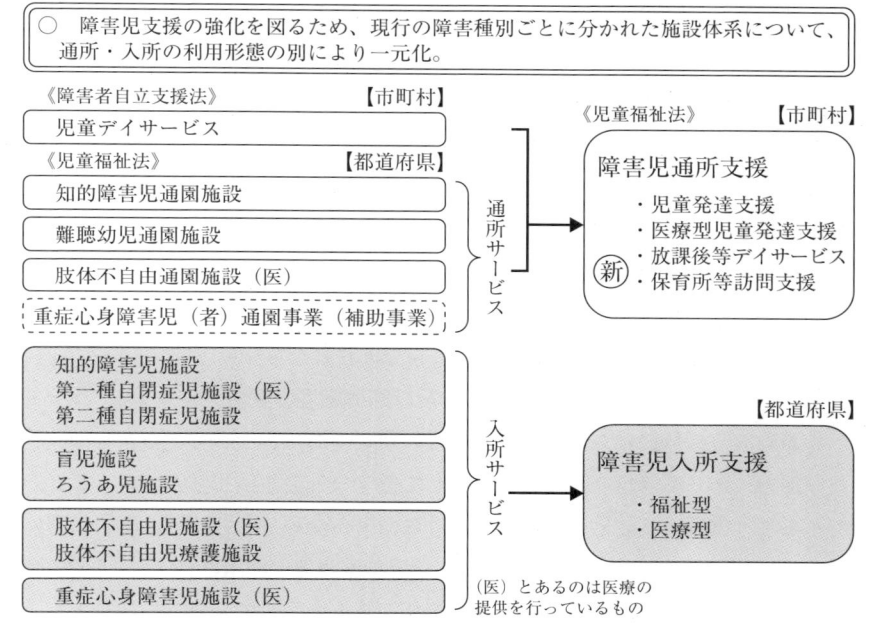

（医）とあるのは医療の提供を行っているもの

図4-11　障害児施設・事業の一元化　イメージ
出典：「障害児支援について」厚生労働省ホームページ
www.mhlw.go.jp/public/bosyuu/iken/dl/p20110630-06.pdf

（6）児童自立支援施設

　児童自立支援施設は、不良行為をなし、又はなすおそれのある児童及び家庭環境その他の環境上の理由により生活指導等を要する児童を入所させ、又は保護者の下から通わせて、個々の児童の状況に応じて必要な指導を行い、その自立を支援し、あわせて退所した者について相談その他の援助を行うことを目的とする施設（「児童福祉法」44条）である。

1）職員・設備

　児童自立支援施設には、児童自立支援専門員、児童生活支援員、嘱託医及び精神科の診療に相当の経験を有する医師又は嘱託医、栄養士並びに調理員を置かなければならない（最低基準80条）。児童自立支援専門員は児童の自立支援を行う者であり、児童生活支援員は児童の生活支援を行う者である。児童自

立支援専門員及び児童生活支援員の総数は、通じておおむね児童5人につき1人以上でおかなければならない。児童自立支援専門員及び児童生活支援員のうち少なくとも一人を児童と起居を共にさせなければならない（同85条）。児童40人以下を入所させる施設にあっては栄養士を、調理業務の全部を委託する施設にあっては調理員を置かないことができる。職業指導を行う場合には、職業指導員を置かなければならない。

児童自立支援施設の学科指導に関する設備については、小学校、中学校又は特別支援学校の設備の設置基準に関する「学校教育法」の規定を準用する（同79条）。また、男子と女子の居室は別にしなければならない（同79条2項）。

2）　生活指導、職業指導、学科指導及び家庭環境の調整

児童自立支援施設における生活指導及び職業指導は、すべて児童がその適性及び能力に応じて、自立した社会人として健全な社会生活を営んでいくことができるよう支援することを目的としなければならない（同84条）。学科指導については、「学校教育法」の規定による学習指導要領が準用される。入所中の個々の児童について、児童やその家庭の状況等を勘案して、自立支援計画を策定しなければならない（同84条の2）。

（7）　母子生活支援施設

母子生活支援施設は、配偶者のない女子又はこれに準ずる事情にある女子及びその者の監護すべき児童を入所させて、これらの者を保護するとともに、これらの者の自立の促進のためにその生活を支援し、あわせて退所した者について相談その他の援助を行うことを目的とする施設である（「児童福祉法」38条）。都道府県等は、母子生活支援施設に入所した児童については、その保護者から申込みがあり、かつ、必要があると認めるときは、満20歳に達するまで、引き続きその者を母子生活支援施設において保護することができる（同31条1項）。

1998（平成10）年の「児童福祉法」改正により、母子寮から母子生活支援施設に改称された。2004（平成16）年の「児童福祉法」改正で、退所した者について相談及びその他の援助を行うことも目的に加えられた。

2002（平成14）年の母子家庭等自立支援対策大綱では、母子生活支援施設の新たな機能の創設等として、都市部等において小規模で設置できるサテライト型の母子生活支援施設の創設・公設民営方式による施設整備推進など4項目が盛り込まれている。
　母子生活支援施設には、母子指導員、嘱託医、少年を指導する職員及び調理員又はこれに代わるべき者を置かなければならない（最低基準27条）。また、設備に関する規定もある（同26条）。
　母子生活支援施設における生活指導は、個々の母子の家庭生活及び稼働の状況に応じ、就労、家庭生活及び児童の養育に関する相談及び助言を行う等の支援により、その自立の促進を目的とし、かつ、その私生活を尊重して行わなければならない（同29条）。母子生活支援施設の長は、入所中の個々の母子について、母子やその家庭の状況等を勘案して、その自立を支援するための計画を策定しなければならない（同29条の2）。

第5節　子育て支援における関係機関との連携

（1）子育て支援における専門機関の役割
　子育て支援など児童福祉の行政機関は、中央行政機関である国の機関と地方行政機関である地方公共団体の機関とに分けることができる。国の中央行政機関として福祉行政全般についての企画調整、監査指導、事業に要する予算措置等、中枢的機能を担っているのが厚生労働省である。児童福祉関係では、雇用均等・児童家庭局が主管となり総務課、雇用均等政策課、職業家庭両立課、短時間・在宅労働課、家庭福祉課、育成環境課、保育課、母子保健課などが置かれ、それぞれ国の雇用均等・児童福祉に関する業務を分掌している。地方公共団体は都道府県と指定都市及び市町村に分けられる。都道府県では、県内の児童福祉の事業の企画に関することや、予算措置に関することのほか、児童福祉施設の認可並びに指導監督、第一線の行政機関である児童相談所や福祉事務所・保健所の設置運営なども行っている。また、指定都市については、概ね

都道府県と同じ権限をもって児童福祉に関する業務を行っている。ここでは、「児童福祉法」における審査機関である児童福祉審議会、実施機関としての市町村、都道府県、児童相談所、福祉事務所について述べていく。

① 審査機関（児童福祉審議会）

児童福祉行政が、多様なニーズに対応した幅広い施策で展開できるよう児童福祉審議会の設置が「児童福祉法」のなかで義務づけられている。「児童福祉法」第8条では「児童、妊産婦及び知的障害者の福祉に関する事項を調査審議することができる」と規定され、都道府県知事等の諮問に答えたり、児童福祉行政関係者に対して意見を求めたりするだけでなく、民間の専門家達の意見等を反映させる役割をもっている。そのため必要と認められる場合は、関係行政機関に対して資料等の提出を求め、具体的な行政事務について意見を述べることもできる。

② 市町村

市町村の責務については「児童福祉法」第10条のなかで、児童及び妊産婦の福祉に関し、必要な実情の把握、必要な情報の提供、必要な調査・指導、並びに付随する業務行うことと規定されている。下記は、厚生労働省から出された「市町村児童家庭相談援助の指針について」の中にある「関係機関との連携」からの抜粋である（表4-10）。

表4-10 市町村児童家庭相談援助指針

第5章 関係機関との連携
第1節 関係機関との連携の重要性 　（1）相談援助活動を行うに当たり、市町村と都道府県（児童相談所など）との緊密な連携・協力を確保していくことは当然必要であるが、子どもや家庭をめぐる問題は複雑・多様化しており、問題が深刻化する前の早期発見・早期対応、子どもや家庭に対するきめ細かな支援が重要となっている。そのためには、児童相談所、福祉事務所、知的障害者更生相談所、身体障害者更生相談所、発達障害者支援センター、児童福祉施設、里親、児童委員、児童家庭支援センター、婦人相談所、配偶者暴力相談支援センター、社会福祉協議会等福祉分野の機関のみならず、保健所、市町村保健センター、精神保健福祉センター、医療機関、学校、教育委員会、警察、法務局、人権擁護委員、民間団体、公共職業安定所等種々の分野の機関とも連携を図るとともに、各機関とのネットワークを構築して、その活用を図ることが必要である。

(2) こうした関係機関の円滑な連携を図るためには、これらの機関の機能や仕組及び関連制度等について的確に把握するとともに、児童相談所の機能や仕組等についても関係機関の理解を求める等、各機関の相互理解に基づく一体的な連携が重要である。

(3) 複数の機関が連携しながら相談援助を進める場合、ケースの進捗状況や援助の適否、問題点、課題等について、特定の機関が責任をもって把握、分析、調整等（ケースマネージメント）を行う必要があるが、どの機関がこれを行うのか常に明らかにしておく必要がある。

(4) 特に、近年子どもに対する虐待が増加しているが、虐待は家庭内で行われることが多いため、早期発見が困難な場合が多く、また、同時に多くの問題を抱えている場合が多いことから、関係機関が一堂に会し、情報交換を行うとともに、共通の認識に立ってそれぞれの役割分担を協議する等、各関係機関が連携しながら早期発見並びに効果的対応を図ることが極めて重要である。

(5) このため、平成16年児童福祉法改正法により、地方公共団体は、要保護児童の適切な保護を図るため、関係機関等により構成され、要保護児童及びその保護者に関する情報等の交換や要保護児童等に対する支援内容の協議を行う地域協議会を置くことができることとされた。

(6) 地域協議会の設置は義務付けられていないが、こうした関係機関等の連携による取組が要保護児童への対応に効果的であることから、その法定化等の措置が講じられたものであり、各市町村においては積極的な設置と活動内容の充実が求められている。

(7) また、虐待の早期発見については、平成16年児童虐待防止法改正法により、子どもの福祉に職務上関係のある者だけでなく、学校、児童福祉施設、病院等の児童の福祉に業務上関係のある団体も児童虐待の早期発見に責任を負うことが明確にされるとともに、通告の対象が「児童虐待を受けた児童」から「児童虐待を受けたと思われる児童」に拡大された。これを踏まえ、関係機関等に対し平成16年児童虐待防止法改正法の内容を周知するとともに、虐待の早期発見のため、通告はためらうことなく、幅広く行うよう依頼することも必要である。

(8) なお、個々のケースに関して他の機関に紹介する等の場合には、子どもや保護者等の了解を得ることを基本とし、やむを得ずこうした了解が得られない場合においても、参加機関に守秘義務が課せられる地域協議会を活用するなど、プライバシー保護に留意しながら、子どもの最善の利益を考慮した対応を図る。

(9) また、個別ケースに関する援助方針の策定に当たっては、民間団体を含め、様々な連携する関係機関の意見を十分に踏まえるとともに、関係者による事後的な評価に努めること。

(10) 関係機関等から個別のケースに関する情報提供を求められた場合には、文書によるやりとりを基本とするなど、プライバシーの保護に十分配慮しながら、協力する。

(11) なお、市町村は、児童福祉の理念に基づいた地域行政の推進の観点から、児童家庭相談業務から得られた知見を関係機関等に対し、積極的に提供することが期待されているところである。

出典：厚生労働省HP　http://www.mhlw.go.jp/bunya/kodomo/dv-soudanjo-sisin-honbun.html

③　都道府県

「児童福祉法」第11条において、市町村の業務の実施に関する市町村相互間の連絡調整や、市町村に対する情報提供、市町村職員の研修などの業務のほか、児童及び妊産婦の福祉に関しては以下の業務が規定されている。

　ア　各市町村の区域を越えた広域的な見地から、実情の把握に努めること。
　イ　児童の福祉に関する家庭その他からの相談のうち、専門的な知識及び技術を必要とするものに応ずること。
　ウ　児童及びその家庭につき、必要な調査並びに医学的、心理学的、教育学的、社会学的及び精神保健上の判定を行うこと。
　エ　児童及びその保護者につき、ウの調査又は判定に基づいて必要な指導を行うこと。
　オ　児童の一時保護を行うこと。
　カ　里親につき、その相談に応じ、必要な情報の提供、助言、研修その他の援助を行うこと。

④　児童相談所

児童相談所は、児童福祉の中心的な実施機関であり、「児童福祉法」第12条では、都道府県への設置が義務づけられているとともに、児童に関する問題についての相談に応じ、判定や指導を行うなどの臨床的なサービスとともに、児童の一時保護や、福祉の措置を決定するなどの業務を行っている。

⑤　福祉事務所

福祉事務所は、「社会福祉法」第14条に基づく「福祉に関する事務所」として、都道府県及び市（特別区を含む）に設置が義務づけられ、町村は任意設置となっている。福祉事務所が行う業務のなかで、児童福祉に関する業務としては次のようなものがある。

　ア　調査による実情の把握

児童や妊産婦の福祉に関する事項について相談に応じ、必要に応じ、必要な調査を行い、個別的又は集団的に指導を行う。また児童相談所長は、その管轄区域内の福祉事務所の長に必要な調査を委嘱することができる。

イ　相談への対応

　福祉事務所は、住民に身近な窓口として、児童や妊産婦等に対して各種相談を行っている。その際、相談の内容や状況に応じて調査を行ったり、指導を行ったりしているが、専門的な判定や児童養護施設への入所措置等が必要であると判断された場合には児童相談所への送致を行う。

ウ　助産の実施、母子保護の実施、保育の実施

　助産施設、母子生活支援施設、保育所等の施設利用を希望する者が、都道府県等（福祉事務所の設置主体）に利用を申し込んだときに、都道府県等は当該申込があった利用者の希望する施設において助産、母子保護、保育の実施を図るとされている。さらに、福祉事務所は、母子・寡婦福祉貸付資金の申請受理、身体障害児の補装具の交付・修理の申請受理などの業務も行っている。

エ　児童相談所との連携

　福祉事務所は児童相談所との密接な連携をとって業務に当たっているが、児童相談所が児童問題を個別的に且つ高度な専門性を用いて相談、調査、判定、指導を行っているのに対して、福祉事務所はおもに日常的な相談事例を扱い、地域組織などの社会資源を活用しながら対応に当たっているという特徴がある。

オ　家庭児童相談室

　家庭児童相談室は、福祉事務所の業務の一環として、家庭における児童の健全な養育と家庭児童福祉の向上を目的に、厚生省（現：厚生労働省）事務次官通知に基づき1964（昭和39）年から福祉事務所に設置されている。業務は福祉事務所が行う児童に関するもののうち、専門的技術を要する相談・指導を担当しているが、さらに高度な専門性が要求される相談においては、児童相談所に送致することになっている。

（2）子育て支援における専門職の役割

①　家庭支援専門相談員（ファミリーソーシャルワーカー）

　家庭支援専門相談員（ファミリーソーシャルワーカー）は、2004（平成16）年に全国の乳児院、児童養護施設、情緒障害児短期治療施設、児童自立支援施

設などに配置されるようになった専門職である。同年4月に出された厚生労働省雇用均等・児童家庭局通知の「乳児院等における早期家庭復帰等の支援体制の強化について」では、「乳児院、児童養護施設、情緒障害児短期治療施設及び児童自立支援施設に入所している児童のうち虐待等家庭環境上の理由により入所している児童については、～（中略）～早期家庭復帰等を支援するための体制を強化する必要があるため、児童の早期家庭復帰、里親委託等の支援を専門に担当する職員『家庭支援専門相談員（ファミリーソーシャルワーカー）』を乳児院等に配置することとし…（以下略）」と記されている。この背景には、相談支援としての主要な窓口としては児童相談所が存在するが、実際には、上記の施設が、入所している児童を通して保護者との関わりをもっているからである。

② 幼稚園教諭

現在、幼保一元化を含めた統合が検討されているなかで、幼稚園教諭の役割が見直されているが、幼稚園は、小学校就学前教育として重要な役割を担っている。例えば児童虐待問題においても、虐待を見逃さないための指導・教育、通告義務や親への指導など幼稚園の運営のあり方、そのなかでの幼稚園教諭の役割が問われている。

③ 小・中・高等学校の教諭

教師は、例えば児童が児童養護施設に入所しているときなど、施設との連携が必要になる。小・中・高等学校ともに、児童は一日の生活の大部分をそこで過ごしている。教師は、児童が抱えるさまざまな問題や生活状況を把握し、児童や家族、施設などの関係機関との連絡・調整を取りながら児童とその環境への働きかけを考えていくことが大切である。そして児童やその家庭に気になることがある場合は、個別相談や面接、さらには家庭訪問などを行うことも必要である。

養護教諭の場合は、①怪我や病気の児童生徒への救急処置と休養の場の提供、②児童生徒の健康相談並びに保健指導、③児童生徒との健康問題の情報収集と評価と把握、④疾病の予防、などが役割とされている。また、学校教育法施行規則や学校保健法規定では、保健室の設置が義務づけられそこに養護教諭

が配置されている。保健室の養護教諭は担任教諭とは、別の角度から生徒に関わり、児童生徒の安心できる居場所と相談者としての役割も果たしている。ここで会話や相談によって得られた情報は、児童を知るうえでも、今後の指導や支援を考えていくうえでも貴重な情報であることが多いことも留意すべき点である。

④ スクールソーシャルワーカー

小学校や中学校などにはスクールソーシャルワーカーが配置されているところがある。スクールソーシャルワーカーは、生徒が生活の場である学校、家庭、地域等で何らかの問題等が生じたときに、相談もしくは児童が置かれている環境、取り巻く環境に働きかけることで児童が自立して健全な生活を送れるようコーディネートする役割を担っている（図4-12）。スクールソーシャルワーカーは、学校の担任教諭とも密接な連絡・連携をとっていくことが求められる。また教育委員会との連携をどう構築していくかも重要な課題である。

図4-12　スクールソーシャルワーカーの役割
出典：日本スクールソーシャルワーカー協会HP
http://www.sswaj.org/

⑤　医師・保健師

　医療・保健においては、乳幼児医療や母子保健、養育治療、虐待への対応などで、家庭、保育所、幼稚園、学校と医師・保健師との連携が必要となる。例えば虐待においては、医師の診察時において、不審な傷、説明のつかない"あざ"として診断し、発見されることも多く、治療だけでなくその後のケアについても医師や保健師の果たす役割は大きい。

　「医療法」に基づく児童福祉施設には、自閉症児施設、重症心身障害児施設、肢体不自由児施設、助産施設などあり、これらの施設では医師をはじめとする保健師、看護師、助産師、理学療法師士、作業療法士達がチームとなって支援にあたっている。地域保健法では、保健所の役割と市町村保健センターの役割が定められており、前者は、保健師、医師、精神保健福祉相談員、栄養士などが専門職として配置されている。後者では、保健師を中心に保健についての知識の啓発や健康相談、健康診査、保健指導を実施している。そのなかで妊娠、出産、育児に対する保健指導は、市町村が中心となって対応している。「母子保健法」第11条の「新生児の訪問指導」では、市町村の長は、乳児が新生児であって、育児上必要があると認めるときは、医師、保健師、助産師が、第17条の「妊産婦の訪問指導等」においても、市町村の長は、妊産婦の健康状態に応じ、保健指導を要する者については、医師、助産師、保健師などがその家庭を訪問して保健指導を行うこととなっている。加えて第12条の「健康診査」においては、満1歳6か月を超え満2歳に達しない幼児と満3歳を超え満4歳に達しない幼児の健康診査や第20条の「養育医療」では、養育のため病院や診療所に入院することを必要とする未熟児に対し、その養育に必要な医療の給付を行っている。

⑥　児童委員と主任児童委員

　児童委員は、「児童福祉法」第16条に定められた民間の協力機関であり、市町村区域におかれ、児童委員になるためには、民生委員法の民生委員であることが必要である。任期は3年で、都道府県知事の推薦を受け厚生労働大臣より委嘱を受ける。その職務については、同法第17条で、児童や妊産婦を対象に、その生活を取り巻く環境の状況を適切に把握するとともに、その保護や保

健、その他の福祉に関し、サービスを適切に利用するために必要な情報の提供や援助・指導等を行うことと定められている。主任児童委員については、「児童福祉法」第16条で、厚生労働大臣は、児童委員のうちから、主任児童委員を指名するとされている。その職務については、同法第17条で、児童の福祉に関する機関と児童委員との連絡調整を行うとともに、児童委員の活動に対する援助や協力を行う。すなわち児童相談所や児童家庭支援センターなどと連携して、児童や家庭の問題について、地域の子育てのための啓発活動を行う。例えば虐待などのケースでは、市町村が児童相談所から引き継いだ見守り等が必要なケースについてその後の家庭状況などを市町村に報告している。そして市町村や児童福祉の関係機関、地域住民との間で、地域の子育て支援を推進していくための協力を児童委員とともに行っている。

(3) 子育て支援における関係機関の連携とネットワーク
1) 子育て支援の取り組みの変遷とネットワーク形成

1994（平成6）年のエンゼルプランにより、少子化対策による子育て支援が政府により、はじめて提起され、続く新エンゼルプランを含めた10年間は、乳幼児保育、延長保育、一時保育、地域子育て支援センターの充実など、保育所機能の充実発展に力点が置かれた。

1997（平成9）年の「児童福祉法」の改正においては、保育所に乳児や幼児を対象とした保育の相談並びに助言が位置づけられることとなった。2000（平成12）年に施行された「保育所保育指針」では、これまでの保育業務だけでなく、地域での子育て支援の業務が加えられた。その結果、保育士は、子どもの保育というケアワークに加え、地域の関係機関などの社会資源を活用して子育て支援を行うソーシャルワークとしての役割も求められるようになった。そしてソーシャルワークの専門知識や専門技術、すなわち相談援助の専門知識や専門技術も必要になったのである。2001（平成13）年には文部科学省から提起された幼児教育振興プログラムにおいても、幼児期の家庭教育や地域社会のなかでの子育て支援の充実が提言された。これを受けて全国の保育所や幼稚園で、未就園児とその保護者を対象にした子育て支援の取り組みが行われるよう

になった。

　2004（平成16）年の子ども・子育て応援プランでは、①若者の自立とたくましい子どもの育ち、②仕事と家庭の両立支援と働き方の見直し、③生命の大切さ、家庭の役割等についての理解、④子育ての新たな支え合いと連帯などを柱とするなど、地域社会において広く次世代を育成するための課題が打ち出された。これにより地域住民による子育て支援の活動が急速に広がっていくのである。2005（平成17）年からは、市町村や301人以上の企業に一般事業主行動計画を立てることが義務づけられ、子育ての責任を保護者だけでなく保護者と連携して、国や自治体、地域社会、企業など社会全体で担っていく方針が提起された。

2）児童相談所への相談事例

　次の事例（表4-11）は、A県B市における児童相談所への相談事例である。通告相談者やその経路、種別はさまざまであるが、いずれのケースも家庭に何らか問題もしくは諸事情を抱えていることがわかる。すなわち児童の問題は、同時に児童を含む家庭全体の問題であることがこの事例からも伺える。

　子育て支援において、不可欠なことは児童と家庭環境の適切な把握である。この過程を通して児童やその家族のそれぞれの思いや理解を把握し、何が問題であるのか、児童やその家族がどのような生活を望み、そのための支援を行うためには、何が必要でどのような目標を設定したらよいのかを考えなければならない。その際、近隣や地域との関係を把握することも重要であり、その状況に応じて支援のための関係を構築する準備や取り組みが必要である。そのためには児童相談所をはじめとする関連機関、専門職が、地域の社会資源と密接な連絡・連携をとっていくことが求められる。

表4-11　児童相談所への相談内容

ケース	性別（年齢）	・通告相談者 ・経路 ・種別 ・その他	通告相談事由	親の職業及び人間関係	住宅状況	地域状況
1	男性（14）	・両親 ・家族 ・不登校	不登校、いじめ問題、学校嫌い、朝気持ちが悪くなる。	父親（44歳）は左官業、母親（44歳）は建設会社事務、妹は小学校4年生の4人家族。父親、祖母は本児に対して甘く、勝手気ままを許してきた。それに対して母親は、それでよいとは思っていなかったが祖母との関係で遠慮しているところがあった。	自家	農村
2	男性（10）	・両親と父の弟 ・A市児童相談所 ・養護	子どもを預かってほしい。	父親（44歳）は無職、母親（44歳）はパチンコ店勤務、弟は小学校4年生の4人家族。父母は内縁関係で11年間生活をしている。その間本児と弟を出産。本児は出産後すぐに乳児院に措置。2歳の時、一度家庭に戻るも親になつかないといった理由で3歳の時、A市のB学園に入所（8歳まで）。引き取り後も本児のことをかわいく思えず、父は酒を飲んでは、本児に暴力を振るうことも多い。	借家	住宅地
3	男性（9）	・母親 ・家族 ・性行 ・生活保護受給中	子どもが万引きをして困っている。学校から児童相談所に行くよう指導を受けた。	母子家庭。母親（38歳）は会社員、異父兄（18歳）はアルバイト、兄は小学校5年生の4人家族。本児と内縁の男性との関係はうまくいっている。	公営住宅	住宅地
4	男性（13）	・両親 ・家族 ・教護	学校へ行かない。夜に家に帰らず友達と遊んでいる。	父親（51歳）は会社員、母親（49歳）はパート、姉と兄はそれぞれ高校2年生と中学3年生の5人家族で度々、父親による家庭内暴力がある。父親は、以前、祖母が泣いている孫（本児）をおぶっていると灰皿を投げたことがあった。同じように母が赤ちゃん	借家	住宅地

				だった姉をあやしている時、泣き止まないので目覚まし時計をぶつけたこともある。		
5	男性(13)	・父親 ・教護	クラスメートを恐喝した。	父親（43歳）は会社員で母親（38歳）とは離婚、兄は16歳で高校中退後、土建見習いとして働いており、弟は中学1年生である。また祖母（67歳）は、無職（家事、畑等）である。祖母が母親代わりに家事全般をこなしている。父は無口で、祖母が口うるさくせざるをえないためか、家族にまとまりがなく、それぞれがバラバラな生活を送っている。本児にとって兄は唯一話やすい家族メンバーである。	自家	農村
6	女性(9)	・母親 ・虐待、いじめ	養父からの暴力と学校でのいじめの両方	7年前、母は養父と結婚、実父と母とは内縁関係で実父は既婚者である。本児が2歳の時、養父と母が再婚。異父弟も生まれたが、母は養父から飲酒しての暴力があるため、相談に来る1週間前に本児と異父弟をつれて離婚を前提にして別居。母方祖父母宅に身を寄せた。母は離婚をするつもりである。	借家	住宅地

第6節　子育て支援サービスの課題

（1）家庭支援専門相談員（ファミリーソーシャルワーカー）の課題

　乳児院、児童養護施設、情緒障害児短期治療施設、児童自立支援施設などに入所している児童の数は増加傾向である。家庭支援専門相談員が、直接保護者宅を訪問し養育相談や支援・指導を行うとともに、例えば、虐待などの問題を起こした保護者に対しても、きめ細かい指導と再発防止のための地域ネットワークや連携の構築、条件整備などに取り組んでいる。また、児童が家族の一員として適切な教育環境のもとで安心して生活していけるよう、家族を含めた

支援を核に活動していくことが何よりも大切である。例えば、施設に入所している児童や、里親委託となって家族と離れて暮らしている児童が、家族との関係が分断されないように留意することが大切であるし、同時に新たな家族関係の構築をも視野に入れ、入所後、委託措置後も、保護者との連絡や連携を通して双方の状況を把握し、児童の生活・養育にとって何が最適であるかを常に検討していくことが求められる。

（2） 子育て支援における関係機関の連携と今後の課題

エンゼルプラン・新エンゼルプランでは、保育所機能の充実の施策が中心とされたが、その後、子育て支援政策は、地域社会の生活、雇用や教育のあり方などその範囲も拡大している。近年のリーマンショックなどに代表されるアメリカの金融危機により、わが国にも雇用不安やそれに伴う所得への影響などから、子育て支援のための社会保障対策の必要性も生じている。同時に低賃金・長時間労働を余儀なくされた父親も多く、これにより母親は孤立した子育てを余儀なくされているケースも多い。このような現状から子育て支援の課題としては、前にも述べたようなソーシャルワークとしての機能の必要性が多発しており、父親もしくは母親の就労支援から、父親の子育て参加のための条件整備、そして社会全体で子育てを支援する社会をつくっていくことが急務となっている。雇用の不安定が経済不安、生活不安をもたらし離婚の増加にもつながっている。これによりひとり親家庭や保育など子育ての支援が必要な児童の増加も見込まれ、子育て支援のための新たなニーズが生じている。子育て支援の今後の課題としては、要保護児童支援対策を軸に、国や自治体による支援対策の充実と、地域を基盤とした地域住民の主体的な力で、問題発見とその解決ができる地域社会の構築と、その有機的な仕組づくりと運用技術の向上が求められている。

（3） 障がいを抱える児童への支援事例

最近注目されつつある障がいの一つに起立性調節障害があり、思春期の子どもの10人に1人がこの障がいであるといわれている。ここでは起立性調節障

害と診断されたAさんの支援について紹介する。

> Aさん中学3年（女性）は、中学2年の春から吐き気や腹痛のため朝が起きられなくなった。Aさんは、自分では起きなければいけないというのはわかるが、しかし起きられない。なんとか置き上っても立ちくらみや倒れ込んでしまい、遅刻や欠席が多くなっている。そんなAさんの様子に対して、母親のBさんは、Aさんに怠心が出てきたのではと考え、これは気持ちの問題であると判断し、Aさんに頑張るように促すが、改善するどころか悪化していく一方である。さらにBさんは、反抗期なのかそれとも自分のこれまでの躾方に問題があったのかなどと悩むようになり、やがて我慢も限界に達し、声を掛けても起きないと布団を剥がしたり、時には叩いたりするようにもなった。そういったなかBさんと同じ年頃の娘を持つ友人から、「起立性調節障害なのではないのか？」という助言をもらったので、早速Bさんは、病院にAさんを連れて診察、その結果、起立性調節障害であることがわかり、Bさんは学校へと出向き担任教諭にもこの件について報告と相談を行った。
> 　Aさんは午前中の授業が、ほとんど休みがちになっていたので卒業できるのだろうかという不安を持っている。そこでスクールソーシャルワーカーは、まずは担任教諭にこの病気のことを理解していただくこと。次に自分（スクールソーシャルワーカー）と担任とで、この病気について職員会議などを通して周囲の先生方にも理解をしていただき、組織的にもサポートできる体制を構築することが急務であると考えた。教員達の反対もあるなかスクールソーシャルワーカー、担任教諭、校長先生の強い熱意に押され、休んだ授業に対しては、放課後補習授業を行うことになった。当初は懐疑的であった教員達もAさんの熱心な取り組みに心を打たれ、理解を示すようになってきた。先生達の理解で少しずつ自信を持つようになったAさんは、クラスメートにも勇気を出して自分の病気のことを話していくことにした。当初は特別扱いされているように見えたAさんに対し、クラスメートも理解を示すようになっていった。Aさんも病気の辛さと、誰も理解してくれない辛さのために一時は自殺をも考えたことがあったが、周囲の理解により本人の気持ちも変化し、補習授業だけでなく、学校生活全般においても主体的にクラスの仲間と取り組むようになった。また母親も、このようなAさんの変化に、「喜ぶというよりも、理解していないことの恐ろしさを実感した」と心境を述べてくれた。

（4） 相談援助の方法と技術

　保育士をはじめとする子どもと関わる専門職には、従来の業務だけでなく、地域での子育て支援の業務が加わり、その結果、地域の関係機関などの社会資源を活用して子育て支援を行うソーシャルワークとしての役割も求められるようになったことは既に述べた。ここではソーシャルワークの中核となる相談援助の実践過程の基本的枠組みを紹介する（図4-13）。

次にこの相談援助の実践過程に沿った援助事例を、ここではインテーク（受理）からインターベンション（援助介入）まで紹介する。

〈事例1〉　インテーク（受理）

　インテークは、クライエントが直面している問題や悩みを明らかにしていく最初の段階であり通常面談という形をとって行われる。その際、クライエントは、直面する問題からもたらされる不安と、現在直面している問題について、相談援助者が適切に対応してくれるだろうかという2重の不安を抱えている。相談援助者はクライエントの話を傾聴し、2重の不安を緩和することが大切である。

```
インテーク（受理）
    ↓
アセスメント（事前評価）
    ↓
プランニング（援助計画）
    ↓
インターベンション（援助介入）
    ↓
モニタリング（事後点検）
    ↓
エバリュエーション（事後評価）
    ↓
ターミネーション（終結）
```

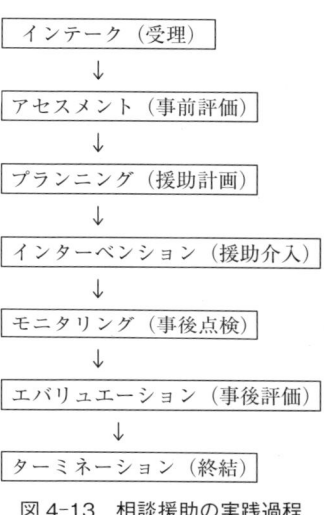

図4-13　相談援助の実践過程

　保育園に通っているA君（3歳）の母親であるBさんは、A君のことで、保育士のCさんに面談をお願いした。Cさんは母親との面談に備え、A君のこれまでの園での生活、言動、記録などを確認した。面談の時、Cさんは「これからの面談でお聞きしたことは、園内の関係者以外には決して話したりはしないので、安心してお話ください」と伝えた。

　Bさんは安心した様子で、これまでA君の子育てで悩んできたことや、現在、困っている内容について触れていった。Bさんは、Aの言葉の遅れ、行動の特徴などから、発達障害ではないかと不安を持っている様子であった。同時に子育てがうまくいっていないことなどについて、自信をなくし、"鬱"の一歩手前のようにもうかがえた。Cさんは、Bさんに対し、「お母さんが頑張っていることも心配なお気持ちはよくわかります」と話したうえで、A君の園での成長や友達との関係、個性や特徴などをお母さんに話していった。

〈事例2〉　アセスメント（事前評価）

　アセスメントとは、クライエントがもつ問題の解決やニーズを充足のために、どのように援助していくことがもっとも適切であるかを考えるための情報収集・分析のプロセスである。このアセスメントは援助の要であるといっても言い過ぎることはないくらいの重要な実践である。

面談を通して、保育士のCさんによるA君の母親であるBさんのアセスメントが行われた。Bさんは、自分が生まれてすぐに自分の母を病気で亡くして、寂しい思いをしていた。そのようなこともありA君には寂しい思いをさせたくないということ、また、自分が母親ではなく祖母に育てられてきたことからも、母親としての子どもへの教育に自信がもてないでいることもわかった。Bさんは、「私の教育が悪いのだろうか」「子どもが発達障害などの疾病をもっているだろうか」「またその両方なのだろうか」などと考え、これからどうしたらよいのか行き詰っている状態である。御主人はこのことについてどのように考えているかをBさんに尋ねると、「夫に相談しても、他人事のような返事しか帰ってこず、協力を促したら、『俺は仕事をきちんとやっている。お前も母親としての本分をしっかり果たせ』といわれ、最近は夫にはほとんど子育ての相談をしていない」という。また夫婦喧嘩のほとんどが、A君が、ごねたり、泣いたりしたときに始まっていることなどもわかった。現在、A君家族は、アパート住まいであるが、アパート・その近隣にも子どものことで相談できる友人はいない。またBさんは、保育所以外にA君のことをどこに相談しに行ったらよいのかもわからない様子だった。そこで、次回は父親も一緒に面談をお願いしたところ、父親は快く応じてくれた。父親は、穏やかな感じの方で、Bさんの話しから考えていたイメージとは違っていた。そして「妻の子育ての大変さもわかるが、一方的に否定されると自分も感情的になることがある。特にAのことで妻の気が立ってくると、自分に対しても怒りを振り向けてくるので、ついこちらも感情的になってしまうことがある。お互いに相手の気持ちになって行動できるよう努力していきたい」と話してくれた。

〈事例3〉 プランニング（援助計画）

　アセスメント終了後、相談援助者とクライエントは、クライエントのニーズを満たしていくためには何が必要であるかといった援助ゴールに向けての共通認識が必要である。この共通認識を基にプランニングが立てられる。プランニングでは援助ゴールの具体的なプロセスなどを、クライエントとともに考えていくことが望ましいが、それが困難である場合でも、クライエントへの十分な説明と同意を得ることが必要である。

　保育園では、保育士のCさんが中心となりA君と母親Bさんの支援に向けたカンファレンスを開催した。まずはA君についての支援計画、そのためには母親からの協力と母親の支援の両面が必要ではないかと考えた。A君の支援計画について、母親であるBさんにも参加してほしいと考えていたが、現状ではそれも難しいと判断し、Cさんたち関係職員で支援計画を作成した。計画は、電話や面談などで母親との連絡・連携を密に取りながら進めていくことが確認された。

〈事例4〉 インターベンション（援助介入）
　インターベンションは、これまでの援助過程のなかで準備してきたことを基に実際に援助を行っていく場面である。

> 　保育士のCさんは、A君の母親のBさんと電話や面談を重ねていった。Cさんの真摯な対応が、Cさんへの信頼感を高め、それに伴い孤立感も少しずつ解消され、気持ちも安定してきたように伺えた。またA君の行動に対する理解の姿勢も見られ、A君の状態も以前よりは落ち着いてきたようだった。そのような経過のなかでCさんは、Bさんに療育センターについての説明を行った。Bさんは、A君が障がいのために保育園での生活は難しく療育センターを勧めたのではと思ったが、保育園に通いながら療育センターに通えることを伝えると安堵したように見えた。そして療育センターにも通うことで、A君のことがより深くわかり、3者で連携しながらA君にとってベストな保育の方法が見出せるのではと伝えると、Bさんは「是非お願いいたします。しかし、主人の許可も必要ですので正式なお返事は明日まで待ってください」と返答した。そして週1回の火曜日に療育センターに通い、そのあと保育園に母親が送り届けることになった。療育センターでの専門的な相談・助言・指導を受け、Bさんも大分安心してきているようすであった。また、療育センターでのことで夫との会話が増え、それにより子育ての方針や方法など夫婦で取り組むようになっていった。

　事例についてはここまでであるが、この後はモニタリング、エバリュエーション、ターミネーションと援助が展開されていく。モニタリング（事後点検）とは、援助がうまく遂行されているかどうかについて、これまでの援助過程を見直していく作業でエバリュエーション（事後評価）とは、援助そのものが利用者にとってどのような意味と効果をもたらしたのかを総合的に判断する過程であり、これらの過程を経てターミネーション（終結）に至るのである。

（5） 児童虐待防止に向けた連携

　児童相談所への相談件数は、厚生労働省「児童虐待の現状とこれに対する取り組み」のなかの資料、「児童相談所における児童虐待対応件数の推移」によると（図4-14）、1990（平成2）年と2007（平成19）年では、40倍近くも虐待の相談が増加している。また、児童相談所への虐待相談の経路では、「近隣知人」が最も多く全体の17%を占め、次いで「警察等」が15%、「家族」が14%、「福祉事務所」が14%、「学校等」が12%、「医療機関」が4%、「児童福

祉施設」が3%となっている。

　このような状況に対して児童虐待防止法では、学校の教員や病院の医師、児童福祉施設の職員等に対し「児童虐待を発見しやすい立場にあることを自覚し、児童虐待の早期発見に努めなければならない」と謳っている。加えて児童虐待はそれが行われているときだけでなく、医療機関等での受診の際に発見されることも少なくないことから、医療関係機関と児童相談所の連絡、連携を密にし、継続的な支援をしていくことが必要である。特に虐待を受けた児童は、身体的のみならず精神的にも大きな傷を負っていることが多く、またその親も精神疾患を抱えていることも少なくないため、その後の医学的なケアや支援、例えば精神科や心療内科など精神科領域の医療機関や精神保健福祉センターとの連携を取りながら虐待されている児童やその家族の支援を行うことが大切である。児童相談所運営指針には、乳幼児健康診査や家庭訪問等などの在宅支援活動を通して、虐待への予防や虐待を受けた児童、その親への支援やケアを行うために保健所や市町村保健センターとの連携を日頃から密にしていくことの重要性を指摘している。そのなかでも、各家庭の家庭訪問が法的に義務づけられている新生児訪問指導などは重要なポイントである。

　虐待を受けた児童やその保護者に対するその後のケアや支援としては、まずは日常的な見守りが必要である。次に児童相談所をサポートする機関の拠点と

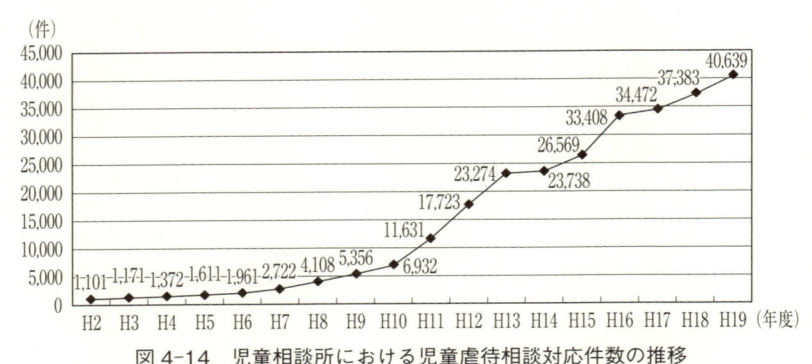

図4-14　児童相談所における児童虐待相談対応件数の推移
出典：「児童虐待の現状とこれに対する取り組み」厚生労働省HP
http://www.mhlw.go.jp/seisaku/20.html

して、保育園・幼稚園・小学校などの児童の所属機関とそこに勤務する教員、民生委員・児童委員、近隣や自治会、警察が必要に応じて有機的な支援を行うことが大切である。

(6) 発達障害児の支援に向けた連携

　アスペルガー症候群、学習障害、注意欠陥多動性障害、高機能自閉症などの発達障害児への支援が、家庭並びに学校においても求められている。このような発達障害においては早期に発見して支援していくことが重要で、保育所や幼稚園、小学校、市町村保健センターなどでも早期発見のための専門的視点と力量が求められている。できれば専門の医療機関などでの診断や療養指導を受け、その情報を参考に、関係する機関や職員が指導や対応方法を検討していくことが望まれるが、医療機関への受診となると保護者の理解が必要である。支援者は保護者の心情を受けとめながら、児童がよりよい生活を送れることができるよう、児童が抱えている生活上の困難に対して保護者とともに考えていくことが重要である。

(7) 不登校児童の支援に向けた連携

　不登校については、文部科学省によると「何らかの心理的、情緒的、身体的あるいは社会的要因・背景により、登校しない、あるいはしたくともできない状況にあるため年間30日以上欠席した者のうち、病気や経済的な理由による者を除いたもの」と定義されている。

　2009（平成21）年度の文部科学省初等中等教育局児童生徒課の調査によると義務教育である小学校と中学校をあわせて不登校児童生徒の数は、12万人を超えている。不登校の原因としては、友人関係、学業不振、親子関係からいじめ、教職員との関係等さまざまな理由がある。また不登校にはひきこもり[6]のような状態になることもあるので、それぞれの状態とその背景となる要因などを理解することが大切である。

　担任教員やスクールソーシャルワーカーなどを中心に学校と児童相談所、福祉事務所、児童家庭支援センター、発達障害者支援センターなどの機関が連携

を取りながら支援を行うことが求められる。

注および引用文献
1) 子育て支援者コンピテンシー研究会編著『育つ・つながる子育て支援　具体的な技術・態度を身につける32のリスト』チャイルド本社　2009年　p.13.
2) 財団法人こども未来財団『平成21年度児童関連サービス調査研究等事業　地域子育て支援拠点事業における活動の指標「ガイドライン」』（主任研究者　渡辺顕一郎）2010年3月
3) 支援のプロセスについての説明は、前掲1）、p.18.
4) 渡辺顕一郎編著『地域で子育て　地域全体で子育て家庭を支えるために』川島書店　2006年　p.99.
5) 橋本真紀・山縣文治編『よくわかる家族援助論　第2版』ミネルヴァ書房　2009年　p.9.
6) 厚生労働省では、"ひきこもり"を「自宅にひきこもって学校や会社に行かず、家族以外との親密な対人関係がない状態が6か月以上続いており統合失調症やうつ病などの精神障害が第一の原因とは考えにくいもの」と定義している。

参考文献
子育て支援者コンピテンシー研究会編著『育つ・つながる子育て支援　具体的な技術・態度を身につける32のリスト』チャイルド本社　2009年
大日向雅美編集代表『子育て支援シリーズ第3巻　地域の子育て環境づくり』ぎょうせい　2008年
渡辺顕一郎編著『地域で子育て　地域全体で子育て家庭を支えるために』川島書店　2006年
大豆生田啓友『支え合い、育ち合いの子育て支援　保育所・幼稚園・ひろば型支援施設における子育て支援実践論』関東学院大学出版会　2006年
大日向雅美『「子育て支援が親をダメにする」なんて言わせない』岩波書店　2005年
杉山千佳『子育て支援でシャカイがかわる』日本評論社　2005年
原田正文『子育て支援とNPO　親を運転席に！支援職は助手席に！』朱鷺書房　2002年
高橋重宏『日本の子ども家庭福祉―児童福祉法制定60年の歩み』明石書店　2007年
原田正文『子育ての変貌と次世代育成支援―兵庫レポートにみる子育て現場と子ども虐待予防―』名古屋大学出版会　2006年
福知栄子『子どもの育ちと家族援助』高管出版　2006年
牧里毎治・山野則子『児童福祉の地域ネットワーク』相川書房　2009年
渡部顕一郎『子ども家庭福祉の基本と実践』金子書房　2009年
小野澤昇・野島博邦編『保育士のための社会福祉』大学図書出版　2010年
松井圭三・小倉毅編著『児童家庭福祉』大学教育出版　2010年
松井圭三・小倉毅編著『社会福祉概論』ふくろう出版　2010年

松村和子・澤江幸則・神谷哲司編著『家庭支援論──家族の発達に目を向けて──』建帛社　2010年
植木信一編著『保育者が学ぶ家庭支援論』建帛社　2011年
河野正輝・中島誠・西田和弘編『社会保障論〔第2版〕』法律文化社　2011年
社会福祉士養成講座編集委員会編『児童や家庭に対する支援と児童・家庭福祉制度（第2版）』中央法規出版　2011年
新保育士養成講座編纂委員会編『新保育士養成講座第10巻家庭支援論／家庭支援と保育相談支援』全国社会福祉協議会出版部　2011年
橋本真紀・山縣文治編『よくわかる家庭支援論』ミネルヴァ書房　2011年

第5章
障がいを持つ子どもがいる家庭への支援

第1節　障がいを持つ子どもの子育てと家族

(1) 障がいをどう捉えるか

　子どもたちが障がいとうまく付き合いながら発達していくためには、障がいに対する周囲の理解と適切な援助が必要である。そこで、障がいを持つ子どもの子育てについて考える前提として、保育者の立場として「障がい」をどう捉えるかについて整理してみたい。一口に障がいと言っても、肢体不自由のように一目でわかりやすい障がいから内部障がいや知的障がいのように見た目では分からない障がいまでさまざまある。近年では自閉症や学習障がい、注意欠陥多動性障がいなどの発達障がいも知られるようになった。さらに、こうした「障がい」の枠で捉えきれない「どこか気になる子ども」も少なくない。
　「障がいも個性の一つである」という表現を耳にすることが多くなった。これは、障がいのある子どもと他の子どもたちとを分離するのではなく、個性として同じ枠のなかで捉えるための表現である。また、障がいであることの影響がすべての面に及んでいるわけではなく、「人間としての一部の特徴でしかない」という思いも込められている。つまり、健康と障がいは連続しており、基準次第で誰でも「障がい者」あるいは「障がい児」になり得るのだという「障がい」の普遍化を的確に表現している。
　しかし、「個性である」という表現が強調されすぎると、障がいの本質的な特徴に応じた適切な対応がおろそかになってしまうおそれがある。同じ問題、

たとえばパニック症状を示す子どもがいても、障がいによる場合とそうでない場合では、発生機序も必要な対応も異なる。保育者が「障がい」を正しく理解していないと、育て方のせいにして親を責めたり、子どもに我慢だけを強いたりといった事態を招く。不適切な対応をした場合、うつ状態などいわゆる二次障がいを生じることもある。障がいを「個性」だというにしても、ある点では特別な支援を配慮すべき特徴であることはいつも念頭に置いておく必要がある。また同時に、同じ障がいを持っている子どもでも一様でなく、それぞれ個性があるという理解も大切である。

（2） 子育てをめぐる課題とその背景
1） 早期発見・早期診断のメリットと弊害

　障がいを持つ子どもの子育ては、どういう状況にあるのか。ここでは、先天的に障がいを持つ子どもを中心に見ていく。

　特別な支援を要する子どもの「育ち」を援助するために、早期発見・早期診断は重要である。わが国の周産期医療は世界最高の水準にあり、多くの障がいは出生直後、あるいは胎内で発見される。なんらかの障がいが発見されると、専門の医療機関に紹介され、いくつかの検査を経て診断に至る。「障がい児」と診断されることで、さまざまな制度上の支援を受けられる。子どもの場合、各種手当や優遇措置といった経済的な支援よりも、療育や福祉サービスといった人的な支援から受ける恩恵が大きい。

　診断されることのメリットは他にもある。親にとっては、育てにくさの原因を子どもが持っているということが分かり、自分の育て方だけのせいではなかったと自責の念から解放される。「障がい」だと社会的承認を得たことで、周囲に支援を求めることへの抵抗感も軽減する。また、同じ境遇にある者同士の横のつながりができることで情報が得やすく、わかり合え、支え合う人が増える。

　ただし、早期発見・早期診断はメリットだけではない。診断名が告げられることは「障がい児」だというレッテルを貼るに過ぎない。むしろ、診断されることで、逃れられない事実として、認めざるを得ないという立場に立たされる。

何らかの手立てがあるという見通しがなければ、診断は家族に孤立と絶望を与えるだけになりかねない。この時期に関わる保育者には、子どもの「遅れ」や「違い」の部分だけに注目するのではなく、「育てにくさ」を援助する視点が求められる。

2) 早期療育における母子通園のメリットと弊害

障がいを持つ子どもが社会的に自立することを目的として、医療と保育・教育の連携のもとに行われる訓練のことを「療育」と呼ぶ。医療機関や乳幼児健診で発見・診断された「障がい児」あるいは「障がいが疑われる児」には、専門の療育機関が紹介される。

施設によって多少の違いはあるが、理学療法士などによる訓練のほかに保育士による保育もあり、週に数日母子で通園し、お昼にみんなで給食を食べて帰宅というのが一般的なスタイルである。母子通園というスタイルは、療育を施設だけで完結するのではなく、日々の生活のなかで継続することが必要だからであり、その役割を母親に求めている。母親は母子通園のなかで、障がいを持つ子どもの子育てについて多くのことを学ぶ。また、子どもの発育状況や問題点を複数の専門スタッフに見てもらえる安心感と、訓練を通して子どもの成長を確認できる喜びを得ることができる。さらに、同じ境遇にある仲間に出会い、悩みを共有し、情報を交換することができる。

ただし、母子通園に多くの時間と負担を割く「訓練づくし」の生活は、子どもと母親の日常に弊害ももたらす。専門的な療育機関は数が少ないため、必ずしも身近な地域にあるわけではない。多くの母親は車で通園しているが、遠方の場合には通園そのものが時間的、体力的な負担になる。また、きょうだいがいる場合には、その対応も必要になる。子どもが喜んで通っている場合には母親の気持ちにもゆとりができるが、そうでない場合もある。訓練は子どもにとって楽しいものばかりではなく、ときに辛くて厳しいものである。嫌がる子どもを連れて通うことに、精神的な負担を感じる母親もいる。何よりも、障がいについてまったくの素人であった母親が、治療や健康管理だけでなく、療育についても専門的な知識と技術の習得が求められることは、子育ての大きなプレッシャーになる。

療育に関わる保育者は、専門的な知識や技術を指導するだけでなく、母親の育児の不安やしんどさに付き合い、「子育て」を支援するという視点を忘れないことが大切である。

3) 分離教育か、統合教育か

「障がいを持つ子どもをどう育てるか」の一つの分岐点となるのが小学校の入学である。就学を控えた子どもたちの成長は著しく、この時期には、健常な子どもとわが子との違いがはっきり見えてくる。親としてその違いを否認し続けられなくなり、現実的な選択を迫られる。

ノーマライゼーション思想が浸透するなかで、障がいを持つ子どもであっても普通学級に在籍し、そこで特別なニーズにも対応しようというインクルーシィブな教育を目指す学校が少しずつ増えてきた。しかし、障がいが重い子どもについては、いまだ特別支援学校による分離教育を基本としている現状がある。小学校や中学校の入学前に、「就学指導」という形で親と行政や学校との話し合いがもたれる。親は、地域の学校か、特別支援学校かを決めなくてはならず、地域の学校を選択した場合には、通常学級なのか、特別支援学級なのかの選択も求められる。

特別支援学校を選択した場合、特別なニーズに応じた配慮や教育プログラムが保障されるが、遠方であることも多く、地域から隔離された感が否めない。一方で、地域の学校を選択した場合には、地域の同年代の子どもたちとの関係は継続するが、個別のニーズに対応してもらうことが難しくなる。また、障がいを理由にいじめを受けたり、健常な子どもと比較して劣等感を抱いたりすることがあるかもしれない。

いずれにしても、親は子どもの将来を見据えた選択を迫られるが、その決断は極めて難しく、保育者は親から相談を受けることもある。その場合には専門的な見地からの意見を伝えるが、最終的に選択するのは親だということを忘れてはならない。

4) 「子育ての社会化」への課題

少子化社会への危機感が叫ばれるなか、「子育ての社会化」というキーワードを目にすることが多くなった。これは、親世代だけに集中している子育ての

経済的・心理的負担を社会全体で支援していこうという考え方である。平成17年度版の国民生活白書では、子育ての社会化について「親世代だけでなく、同世代の友人、あるいは会社の同僚、近隣に住む人々など、社会全体で何らかの子育てに参加する、あるいはそれできる仕組みを構築していくことが望まれる」と記された。こうしたことを契機に、公的機関、民間機関を問わず子育てを支援する動きが各地に生まれている。

しかし、これらの多くは一般の健常な子どもとその親が対象で、障がいを持つ子どもを育てている親の利用は極めて制限されている。その結果、子どもの障がいが重いほど子育ての負担が大きいにもかかわらず、支援を受けにくいという理不尽な状況がある。

たとえば、医療技術の進歩によって、以前なら病院で一生を過ごさなくてはならなかった医療ニーズの高い子どもたちも、退院して自宅で生活できるようになった。ただしその場合、家族が医療的なケアを担うことが前提となる。24時間365日、ちょっとした変化にも素早く対応しなければ命が保障できないという、「命の危険と隣り合わせ」の子育てが続くことになる。そのうえ、家事やきょうだいの世話もしなくてはならない。極度の緊張感とストレスにさらされ、親は常に疲労がたまっている状況になる。

こうした状況を打破するために、ホームヘルパーやベビーシッターの派遣、ショートステイや一時預かりといった福祉サービスも整い始めているが、医療ニーズの高い子どもは利用が難しいなど課題も多く残っている。さらに、自治体によってサービスの量にも質にも差があり、福祉サービスだけで自宅での生活を支えられるとは言えないのが現状である。

このように、本来であれば、最も社会的な支援が必要な障がいを持つ子どもの子育ては、社会から切り離されてしまっているのが現状である。さらに親を苦しめているのは、周囲の偏見に満ちた価値観や好奇の視線である。障がいを持つ子どもの存在を暗に否定するような言動は、親を孤立な状況に追い込み、福祉サービスを利用することに「自分が楽をしようとしているのではないか」という後ろめたさを抱かせてしまう。

「障がいという宿命を負って生まれた子どもは不幸でかわいそうだ」という

考え方は私たちの社会に根強く残る受け止め方である。確かに、障がいを持って生まれた子どもや家族が、より多くの苦しみや悲しみを負うことは紛れもない事実である。でも、それらの多くは社会が作り出していることを忘れてはならない。障がいを持つ子どもたちを受け入れることができる豊かな社会になれば、その大変さの多くは取り除くことができるはずである。

（3） 障がいを持つ子どもにとっての「家族」

ここで改めて、障がいを持つ子どもにとっての家族の存在について考えてみよう。幼い子どもにとって、身のまわりの世話をしてくれる家族、とりわけ親は、唯一無二の理解者である。親は、子どもの喜怒哀楽を、わがこととして受け止めている。何らかの見返りを期待することなく、また経済的、身体的な負担を顧みることなく、子どもにたくさんの愛情を注ぎ、多くのお金や時間を費やして育てている。その点は、健常の子どもであっても共通である。

異なる点は、障がいを持つ子どもの場合、将来の見通しが立たないままに、年齢を重ねてもその関係が継続していくということである。健常の子どもは成長に伴って、自分で判断し、身の回りのことを自分でできるようになる。やがて成人すれば経済的にも自立する。しかし、障がいを持つ子どもの場合、自分で判断することが苦手であったり、判断することができたとしても、それを自分で実行する能力が欠けていたりするため、成人になっても何らかの支援を必要とする。

このように、障がいを持つ子どもの家族は、将来に渡り、よき理解者であると同時に、介護者としての役割を担っている。それゆえに、気をつけなければならないこともある。親は障がいを持つわが子を不憫に思って過保護になりがちで、子どもの能力や可能性を過小評価し、自分たちの監視のなかに抱え込んでしまうことがある。このように、強い立場にある者が、弱い立場にある者の利益なるようにと、本人の意思に反して行動に介入・干渉することを「パターナリズム（温情主義)」という。親の愛情ゆえのパターナリズムは全面的に否定されるものではないが、その愛情や配慮を大切にしながらも、子どもがより多くの人たちと関係を形成できるような「子育ての社会化」がこれからの課題

といえる。

第2節　障がいを持つ子どもの親への支援

（1）親を取り巻く状況とその心理
1）障がいを受容するという課題

　障がいを持つ子どもの親の心理は、知的障がい、身体障がいなどの種別や程度、あるいは障がいの原因によって異なる。しかしいずれにしても、子どもが障がいを負ったことへのショックや悲しみのほかにも、社会の様々な不合理に直面している。本来なら喜ばしいはずの子どもの誕生や成長を素直に喜ぶことができないという経験は、どの親も共通に持っている。

　子どもが母親のお腹に宿ったとわかった時から、親は生まれてくる子どもへのさまざまな想いを巡らせる。誰もが、健康で元気な子どもをイメージする。障がいのある子どもの誕生は、あるいは子どもの成長するにつれて気付く同年齢の子どもとの「違い」は、そんな子どものイメージを一変させるだけでなく、わが子に託した夢や希望を見失わせてしまうことにもなりかねない。

　親は決して、障がいを持つわが子を可愛くないと思っているわけではない。しかし、障がいで苦しむわが子を不憫に思い、「できるなら自分が代わってやりたい」という気持ちを持つ。とくに、障がいの進行が命に関わるケースの場合、子どもに「生きてほしい」「無事でいてほしい」と願うと共に、「なぜわが子だけが」という思いが生じる。こうした子どもの持つ障がいを不本意に思う親の気持ちが高じると、子どもの存在そのものを無意識のうちに否定してしまうことにもつながる。

　親として最初の課題は、障がいを持つ子どもをありのままに受け入れ、向き合うこと（受容）である。障がいが妊娠中や出生直後に判明するか、子どもの成長に伴って顕在化して判明するかによって、親が障がいを受容する道筋や期間は異なるが、多くの場合、「ショック」「否認」「悲しみ・怒り・不安」「適応」「再起」という経過をたどると言われている。これらの経過は必ずしも一

方向ではなく障がいの進行や二次障がいの発症、また入園や入学といった節目などを契機に繰り返すこともある。

　子どもが成長するにつれて、障がいによる不具合や不合理を実感する機会が増えるという側面もある。親自身が子どもの障がいを受容できた段階では、こうした場面に遭遇したとしても、子どもの代弁者となってわが子の「生きる権利」を主張できるようになる。そして、理不尽な状況におかれた子どもを不憫に思いながらも、障壁を乗り越えることで家族のきずなは強まり、やがてかけがえのない存在として子どもを受け入れていく。保育者はこのような親の障がい受容のプロセスを理解したうえで、共感的に関わることが求められる。

2）母親の孤立－ジェンダーの視点から

　ここでは、子どもの最も身近にいる母親の心理に焦点を当ててみる。「家族」のなかでも、とりわけ母親の置かれている立場は微妙で、極めて複雑な心理状況にある。

　先天性の奇形や知的障がいなどの場合、原因が明らかでないがゆえに、母親は自分に責任があるのではないかと罪悪感を持ったり、夫やその親などから責められたりする場合がある。一方、不慮の事故による障がいの場合には、事故を未然に防ぐことができなかった自責の念に苛まれている。また、ADHDや自閉症といった発達障がいの場合には、障がいそのものがあまり知られていないために、「育て方が悪いのでは」といった誤解を母親自身も周囲の人も持ってしまいがちである。こうした心理状況になると、母親は家族のなかで孤立してしまい、子育ての負担をすべて抱え込んでしまう。

　通常の子育ての場合でも、子どもが小さいうちは、日中に子どもと母親が二人で過ごす時間が長くなりがちだが、障がいを持つ子どもの子育てではそれがより顕著になる傾向がある。周囲の視線を意識して、「公園を散歩する」「買い物に連れていく」といったごく当たり前のことも躊躇してしまう。「友人と食事をする」「旅行に行く」といった楽しみも、子どもを同伴することが難しいという理由でなかなか実現できない。出産後に復職を予定していた場合でも、障がいを理由に保育所に受け入れてもらえず、あきらめなくてはならないこともある。あるいは、通院や療育に付き添うための時間的な制約で職場復帰が不

可能な場合もある。
　こうして、家族からも、社会からも孤立し、一方で子どもとの距離を縮めすぎてしまう母親も見受けられる。自分と子どもを同一化してしまうため、子どもへの偏見や差別の視線に対し敏感で、自分自身がそれを受けたのと同様の怒りや痛みを示す。また、母親は子どもが「よい子」か「悪い子」かで自分が評価されていくような錯覚に陥りやすいものである。そのため、母親自身も子どもを十分に理解できなくて苦しんでいるにもかかわらず、それを表出できないでいる。このような母親からは、頑なな印象を受けることがある。
　こうした状況は、障がいに対する周囲の無理解や偏見、福祉制度の不備といった問題のほかに、女性特有の事情を含んでいる。それが、性差による固定的な役割意識（ジェンダー）である。「母親であるから子育てをがんばることができるはず」「女性であるから愛情と責任を持って面倒をみることができるはず」といった周囲の期待や、「自分の子どもを他人に預けるなんてとんでもない」といった社会の抑圧が、母親を追い込んでいることを忘れてはならない。さらに問題を複雑にしているのは、そのことを母親自身が自覚していないということである。そればかりか、自分が感じている育児疲労や子育て不安は、子どもが直面している諸問題に対して軽微なものだと捉えがちで、それを表出することを憚られる傾向にある。「この子にはわたしでなくてはだめだ」と確信し、他者にゆだねることができないままに、すべての負担を抱え込んでいるのである。
　保育者には、こうした母親特有の心理を理解したうえで、それを否定したり、強要したりしない関わりが求められる。そして、家族や他の保護者との関係を仲介するなど、母親が孤立しないような配慮が大切になる。

3）次の子を産むか否か

　障がいを持った子を産んだ親が、次の子を産むかどうかの選択は、親の年齢やきょうだいの存在にも左右され、あくまで個人の判断にゆだねられるものだが、その判断の背景にある特有の心理状況を理解することは大切である。
　障がいを持つ子どもを産んだ衝撃が強く、勇気を持って次の子を産もうと決心するのに時間がかかり、とうとう妊娠・出産のチャンスを逸してしまったと

いう話はよく耳にする。先天的な障がいの場合、それが遺伝的な要因であるか否かを問わず、多くの母親は次の子どもを身ごもることを躊躇している。子どもは元気に五体満足で生まれてくるのが当然という見方が強い社会では、母親は自分の責任が問われるような気持ちになり、次の子どもを産む決心ができなくなるのである。

　子どもの障がいが先天性の場合、次の子どもも障がいを持って生まれてくるのではないかという漠然とした不安を持つ。どんな子どもが生まれても、同じように慈しんで育てていこうという気持ちとはうらはらに、できれば五体満足で健康に生まれてほしいという願いも人一倍強くある。現在では、出生前診断の技術が進歩しており、第1子に先天性の障がいがあると、第2子以降は胎児の検査を勧められる。しかし、出生前診断をすること自体が、障がいを持つ子どもの存在を否定することにもつながり、抵抗感を抱く母親も多い。一方で、健康な子どもを授かった場合に、障がいを持つ子どもに対して、今と同じように愛情を注いでいけるかと不安に感じる母親もいる。

　このように、「次の子どもを産むか否か」は極めてデリケートな問題を含んでいる。保育者はこうした母親の心理状況を理解したうえで、発言等には十分に留意したいものである。

(2)　親への支援の視点

　ここでは親への支援の視点として3点を挙げた。あくまで一般的な支援の視点であり、すべての親にあてはまるわけではない。子どもや親のおかれている状況によって、支援の視点は常に変化する。それを正しく察知し、対応する柔軟性が保育者には必要である。

1)　親のエンパワーメント

　障がいを持つ子どもの親、特に母親は、わが子を不憫に思う気持ちや、周囲への気後れが高じて、子どもあるいは自分たちの存在を低く評価し、否定してしまうことがある。こうした抑圧された状態から解放され、その人が潜在的に持っているパワーや個性が発揮できるように支援し、かつそれを可能にする環境を目指す過程をエンパワーメントという。そのとき「がんばって」と叱咤激

励して元気づけるのではなく、親自身があるがままに受容し、かけがえのない存在だと自己尊重していく過程を支援する視点が大切である。それは、親が自分を主張し、自分自身の生活を自分で決めていけるような経験を重ねることによってもたらされる。

多くの子どもを預かっている保育所等においては、障がいを持つ子どもの受ける不都合に対して「仕方ない」と考えてしまいがちである。あるいは「特別扱い」してしまい、他の子どもや保護者からの偏見や反発を招くこともある。こうした保育者の態度が、親を委縮させ、過大な役割や負担感を負わせてしまっていることを、保育者は自覚する必要がある。そして、担任や加配の保育士などによる個人的な支援だけに依存するのではなく、保育所全体としての支援体制を考えていく必要がある。

まず取り組むべきは、親が「障がい」への思いを自由に表現できる場を設定すること。保育者から共感や支持を受けることによって、これまで自分のなかで抑えていたものや否定的にしか受け取れなかったことが表現できるようになり、自分を主張していいんだという自信を回復することができる。もちろん、特別なニーズのすべてに対応することはできないかもしれない。その場合でも、一方的に決断することは避け、親の意向を十分に聞いたうえで、解決策を一緒に検討するという心構えが大切である。

2） ピアサポートへのつなぎ

障がいを持つ子どもを育てている親は、しっかりしているように見えても、内心はひどく孤独で、他人の言葉や視線に敏感で傷つきやすいことを意識しておく必要がある。相談する相手がいないままに、不安ばかりが募り、息が詰まる毎日を送っている。専門職による子育てサポート体制が各地で整い、インターネットや雑誌で多くの育児情報があふれていても、障がいを持つ子どもの親が抱えている問題を答えてくれるような情報はなかなか見つからないのが普通である。乳幼児健診等での育児相談も同様で、むしろ正常域からの逸脱を目の当たりにして、焦りや孤独感は増す。

そのとき親が求めているのは、一般的な医学的知識や子育て情報ではなく、今目の前にいるわが子の問題をより深く理解するための個別的な情報であり、

自分の抱えている問題を共感的に受け止めてもらえる相手なのである。そしてそれは、同じような子どもを育てている親である場合が多い。

　同じ悩みや問題を抱えた者同士が、自分の悩みや苦しみを打ち明け、話し合うことで問題点を明らかにし、一歩前に進む、そのための当事者同士の支え合い、語り合いのことをピアサポートと総称している。共通した問題を抱えている親たちが交流を深めながら体験や情報を交換する「親の会」の活動が各地で行われている。当事者の視点から親亡きあとを見据えたきめ細かなサポート体制を開発している「親の会」もある。こうした活動が、障がいを持つ子どもの親にとって、精神面でも実質面でも何よりの支えとなっている。保育者は、専門職としての見地からの助言や支援では限界があることを自覚し、ピアサポートの情報を伝えることで支援するといった視点も重要になる。

3）レスパイトの視点

　ここまで見てきたように、障がいを持つ子どもの親は、子どもが遭遇する多くの不合理や困難に対して矢面に立ち、日常的に闘っている。わが子を思い、常に全力を注ぎ、心身ともに疲れきっている親の姿は珍しくない。こうした親に必要なのは、適度な息抜きや気晴らしであり、そのことで気持ちにゆとりが生まれる。

　レスパイト（respite）は、本来は「一時的中断・小休止」もしくは「（債務等の）猶予、（刑等の）延期・執行猶予」という意味だが、家族支援の視点からは、家族への休養や休息をもたらすため、又は家族が社会生活をするうえで必要な時間を保障するための対応という意味で用いられている。子どもを預かるという点において、保育所等はレスパイトの一役を担っているともいえる。だからこそ、保育者はレスパイトの視点を正しく理解しておくことが大切である。

　レスパイトという言葉は「親の休息」だけに着目されがちだが、その根底にあるのは「親と子どもとの関係性を支援する」という考え方である。障がいのある子どもが成長していく過程で、家族の関わりが重要であることを認識し、そのうえで資源の一つとしての家族の介護力を維持し、高めていくことにおもな目的があるという理解が重要である。

そして、単に家族介護の肩代わり支援ではなく、親の社会参加や自己実現、子どもの健全な成長発達を目指しているという点も大切である。障がいを持つ子どもを一時的に預かることによって、日常的に関わる家族に「自由に活用できる時間」がもたらされる、その時間の使い道は家族が自分で決めることができる。その際に、子ども本人への支援をないがしろにすれば、親は子どもを預けることにためらい、ときに罪悪感を覚えることになる。「自分が楽をしようとしているのではないか」という後ろめたさを親に感じさせることなく、「他者にゆだねる」という新しい体験に親も子も踏み出すという捉え方が大切である。そのためには、預けられる子どもへの支援が適切になされることが前提となる。

現在、障がい者福祉では、レスパイト（ケア）サービスと呼ばれるサービスが注目されている。レスパイトサービスは、「障がい児・者を持つ親・家族を、一時的に、一定の期間、障がい児・者の介護から解放することによって、日頃の心身の疲れを回復し、ほっと一息つけるようにする援助」（厚生省心身障害研究、1991年）と定義されるもので、具体的には、障がい児・者を施設等に一時的に預かる方法と、家庭に介護者を派遣する方法の2つがある。

各地で取り組まれているレスパイトサービスをみると、設置運営主体は、社会福祉法人、個人、住民組織、家族会、NPOなど多岐に渡っており、その支援内容も、従来のショートステイ（短期宿泊滞在）、デイステイ（日中滞在）に加えて、職員やホームヘルパー訪問による在宅派遣型サービスと多様である。福祉制度に基づかない私的契約も多く、その場合利用者の自己負担によって実施されているが、利用者の評価は高く、リピーターが多いことが特徴である。制度の枠にとらわれないことで、さまざまなニーズに対応しやすい柔軟性や即応性を担保している。制度の枠で支援する保育所であっても、こうしたニーズの存在を意識することが大切である。

第3節　障がいを持つ子どものきょうだいへの支援

(1) きょうだい児を取り巻く状況とその心理
1) 家族のなかでのきょうだい関係

　きょうだいが兄・姉なのか、弟・妹なのか、あるいは年齢差でその関係性は微妙に異なるが、子どもにとってきょうだいはいろいろな意味で大きな存在である。遊び相手であり、けんか相手でもあり、親とはまた違った支援者でもある。特に障がいを持った子どもの場合、社会との接点が少なくなりがちなため、きょうだいは同世代との人間関係を学ぶ貴重な教材であり、成長の糧となる存在である。

　周囲の大人は、障がいを持つ子どものよき理解者として、頼もしい味方になってほしいときょうだいに期待している。しかし、その時に忘れてならないのは、きょうだい自身もまだまだ親の手と愛情を必要とする子どもであるということである。ときには甘えたいし、親にかまってもらいたい気持ちを持っている。

　医療や療育上の心配があるため、両親や祖父母たちの目と心はつい障がいを持つ子どもにばかり注がれやすくなる。重い障がいを持つきょうだいがいれば、度重なる入院や母子通園などで親が不在なことも多くなり、そのたびに寂しさや不安を抱えながら待つことになる。身近に祖父母たちがいる場合には寂しさは多少軽減されるが、それでも不満や疎外感は残る。問題なのは、その不満を言葉に出してはっきり言えないままに、心のなかでくすぶり続けていることである。聞き分けのよい「よい子」であればあるほど、自分の気持ちを隠し健気に頑張り、結果として心理的な葛藤を抱えている。

　また、健常であるがゆえに親の期待が集中し、それを負担に感じている場合もある。「障がいがないのだからできて当たり前」「障がいを持つきょうだいの分までがんばって」という期待がプレッシャーとなり、素直に甘えることができず、がんばりすぎる傾向にある。障がいを持つきょうだいと比較されて、自分の努力が正当に評価してもらえていないと感じていることもある。

こうした心理状況が、障がいを持つきょうだいに対する気持ちや行動にも影響を与える。自分より年長なのにちゃんとお話ができない、1人でトイレにも行けない兄や姉のことをじれったく感じることもある。衝動的で暴言を吐いたり、しつこくちょっかいを出してくる弟や妹のことを疎ましく感じることもある。こうなると、子ども同士の微妙な人間関係が形成できず、きょうだい喧嘩が絶えない。親の関心を独り占めするきょうだいに対する嫉妬心が高じて、暴力的な行為に及ぶことさえある。反対に、身体的な欠損や行動の不自由さを目の当たりにすると、きょうだいを不憫に思う気持ちや、何もしてあげることのできないもどかしさから、自分が健常であることに自責感を抱くこともある。
　これから先の人生を考えると、障がいを持つ子どもと過ごす時間は、親よりきょうだいの方がはるかに長くなる。幼い頃に抱いた感情や体験が、その後の関係形成にも大きく影響することを、周囲の大人は忘れてはならない。

2）子ども社会のなかでのきょうだい関係

　障がいを持つ子どもは、身体的な欠損やコミュニケーションの難しさのために、地域のなかで友だちを作ることが難しい場合が多い。そのとき、きょうだいは貴重な味方であり、きょうだい児自身もそのことを自覚している。
　親が世間の目を気にしていることを見抜いており、きょうだい児はそれを払拭できるようにと健気にがんばっている。コミュニケーションに障がいがあるためにうまく友だちと関われないきょうだいに対しては、代弁者となって気持ちを伝え、仲介役を担う。身体的な障がいを持つきょうだいに対しては、その子どもの手足替わりとなって、かいがいしく世話を焼く。
　周囲の大人たちはこうした光景をほほえましく見守っているが、そのときに忘れてはいけないのは、きょうだい児たちは大きなプレッシャーを感じているということである。子ども同士の社会には、大人では理解できない緊張関係が存在する。本来あってはならないことだが、障がいを持つきょうだいのことが原因でいじめが生じるといったことも否定できない。だからこそ、障がいを持つきょうだいが友だちに迷惑を掛けることがあれば、わがことのように心苦しく感じ、肩身の狭い思いをしている。自分を頼るきょうだいの存在を愛おしく思う気持ちはあっても、ときに煩わしく感じることもある。周囲の子どもの好

奇の視線に耐えきれず、きょうだいの存在を隠したいという気持ちが生じることもある。さらに問題なのは、そうした感情を抱く自分を否定し、自責感を抱くことである。

周囲の大人はこうした複雑な心理状況を理解し、きょうだいを一体的に扱うことは極力避けて、個々の子どもに着目した関係形成を見守ることが大切である。

（2）きょうだい児への支援の視点
1）きょうだいの障がいをどう教えるか

きょうだい児支援を考える前提として、ここでは、子どもたちにきょうだいの持つ障がいをどう教えるのかについて考えてみる。

子どもの年齢、あるいは障がいのある子どもが、きょうだいの上なのか、下なのか、さらにはきょうだいが1人なのか、複数いるのかによっても、子どもたちの心理は異なる。しかしいずれの場合でも、子どもたちは大人の行動や発言を、親や保育者の想像以上に注意深く、細かく観察していることを意識しておく必要がある。

たとえば、障がいを持つ弟や妹が生まれた場合の心理を考えてみよう。赤ちゃんの誕生そのものが嬉しい出来事であるのに、いざ赤ちゃんが生まれてみると周りの大人たちの様子がおかしいとなれば、子どもたちはその異変を敏感に察し、素直に喜ぶことができない。そのとき、周囲の大人が子どもの障がいをどう受容しているかによって、きょうだいの心理は大きく影響を受ける。親が障がいを受容できず、おろおろしていると、子どもはその気持ちを見抜き、障がいを持つ弟や妹の存在を隠さなければならないこととして受け止めてしまうことがある。ましてや、祖父母や父親が母親を責めるような言動をとったなら、子どもは大人たちの狭間で、どのようにふるまえばよいのか戸惑うことになる。反対に、親が子どもの障がいを受容し、愛情を持って接することができていれば、きょうだいたちもそれを当たり前のこととして受け止めていく。

また、真実を伝えないままに時間が経過するほど、きょうだいたちの受け入れは難しくなる。子どもは状況を正確に理解できないにしろ、何かとんでもな

い事態が生じていることは感じ取っている。そして「知りたい」と言いだせないままに、「わからない」状況が続くと、不安はどんどん増強する。

　身体的な障がいについては、先天的であっても、不慮の事故等によるものであっても、多くの場合、症状が落ち着くまでは入院することになり、きょうだいの面会も制限される。障がいの状況にもよるが、それなりに物事を理解できる年齢のきょうだい児に対しては、入院中から様子を話して聞かせ、可能であれば面会する機会をつくることが大切である。子どもなりに状況を理解することで、退院後も障がいを持ったきょうだいをかわいがり、手助けしてあげたいという気持ちが自然と生まれてくる。

　成長にともなって障がいが顕在化する知的障がいや発達障がいの場合でも、子どもの理解度に応じて説明することが大切である。むしろ、障がいが目に見えないがゆえに、障がいの理解が難しく、きょうだいに対する違和感や憤りによって非常なストレス状況が生じる。説明が難しければ、障がいについて分かりやすく説明している子ども向けの絵本などの教材を活用することも一案である。いずれにしても、親や保育者といった身近な大人が、きょうだい児の「知りたい」という気持ちに応えて説明することが肝心である。

2）「よい子」をどう克服するか

　障がいを持つ子どものきょうだいは、「よい子」が多いと言われている。親の大変さが分かるために、できるだけ迷惑を掛けないようにふるまう子どもが多くいる。社会の偏見や同情の視線にさらされることも多く、一方で親や障がいを持つきょうだいを支えたいという気持ちから、対人関係や社会への関心も早まる傾向にある。こうした経験が子どもの成長によい影響を与える場合もあるが、子ども時代を堪能することなしに、自分の感情や行動をコントロールしすぎて、親や周囲の期待に添う自分を作り上げていく危険もはらんでいる。

　障がいを持つ子どものきょうだいは、幼いころから多くの「我慢」を強いられる。親は、障がいを持つ子どもの療育や介護、ときに社会との関係に多くの時間を割き、精神的にも肉体的にも疲れた状況にある。そうした親の姿を目の当たりにすると、子どもは自分のために時間を使ってほしいという欲求を心の奥底に閉じ込めてしまう。親もそうした「我慢」に甘え、知らず知らずのうち

に「よい子」であることを期待している。

　これまで「よい子」にしていたきょうだい児が、ある時期に急に情緒不安定になることもよくある。登園拒否や不登校になったり、非常に反抗的になったり、反対にべたべた甘え、いわゆる「赤ちゃん返り」したりする。障がいを持つきょうだいに怒りやじれったさなどの否定的な感情を持ち、ときに言動に表れることもある。しかし、これは子どもとして当たり前の反応である。自分の方にあまり向いてくれない親に対する精いっぱいの抵抗なのである。周囲の大人は、こうした否定的な感情を批判することなく、ありのままを認め、受け止めてあげることが大切である。子どもにとって必要なのは、自分の存在が尊重されているという確信であり、ときには親の愛情を独り占めする体験である。親とゆったりとした時間を過ごすことで、初めて子どもの情緒は安定する。そのためには、先に紹介したレスパイトサービスなどを活用するのも一案であろう。

　保育者にできることは、子どもの発するSOSを敏感に察知し、それを親に伝えるとともに、一緒に解決策を考える姿勢である。親子の関係形成をサポートするのであって、決して親になり替わることはできない。そしてその際に、親を一方的に非難することがあってはならない。親は、障がいを持つ子どもも、きょうだい児も同じように大切に思っているはずである。親の気持ちを共感的に受け止めることが、結果的に障がいを持つ子どもときょうだい児の双方によい結果をもたらすのである。

参考文献
相川恵子・仁平義明『子どもに障害をどう説明するか』ブレーン出版　2005年
高松鶴吉『療育とは何か』ぶどう社　1990年
野辺明子・加部一彦・横尾京子『障がいをもつ子を産むということ』中央法規　1999年
野辺明子・加部一彦・横尾京子・藤井和子『障がいをもつ子が育つということ』中央法規　2008年
上野千鶴子・大熊由紀子・大沢真理・神野直彦・副田義也『ケアその思想と実践4　家族のケア　家族へのケア』岩波書店　2008年
宮田広喜『子育てを支える療育』ぶどう社　2001年

平成17年度国民生活白書

高松鶴吉ほか『心身障害児(者)の地域福祉体制の整備に関する総合的研究:厚生省心身障害研究平成4年度研究報告書』1992年

全国地域生活支援ネットワーク編『全国地域生活支援サービスガイドブック』糸賀一雄記念財団　2000年

全国地域生活支援ネットワーク編『ピース全国地域生活支援サービスガイドブック　2002』糸賀一雄記念財団　2002年

■執筆者紹介

松井　圭三（まつい　けいぞう）
　中国短期大学保育学科・専攻科介護福祉専攻准教授
　岡山大学医学部非常勤講師
　就実大学教育学部非常勤講師
　四国学院大学大学院文学研究科社会福祉学専攻修士課程修了
　文学修士
　主著
　　『改訂新版よくわかる社会福祉論』（編著）大学教育出版　2009 年
　　『21 世紀の社会福祉政策論文集』（単著）ふくろう出版　2009 年
　　『児童家庭福祉』（編著）大学教育出版　2010 年
　担当章：第 1 章

中　典子（なか　のりこ）
　中国学園大学子ども学部子ども学科准教授
　佛教大学大学院社会学研究科博士課程修了
　博士（社会学）
　主著
　　西尾祐吾・小崎恭弘編著『子ども家庭福祉論』（共著）晃洋書房　2011 年
　担当章：第 2 章

植田　真紀　（うえた　まき）
　元高松市議会議員
　香川大学大学院教育学研究科学校教育専攻修士課程修了
　教育学（修士）
　主著
　　松井圭三・小倉毅編著『社会福祉概論』（共著）ふくろう出版　2007 年
　　甘利てる代編著『かと闘えり!!―2003 年統一地方選挙議員をめざした女たち』（共著）新水社　2003 年
　担当章：第 3 章

今井　慶宗（いまい　よしむね）
　鈴鹿オフィスワーク医療福祉専門学校教諭
　香川大学大学院法学研究科法律学専攻修士課程修了
　修士（法学）

主著

松井圭三編著『児童家庭福祉』(共著) 大学教育出版　2010年
小野澤昇・野島博邦編『保育士のための社会福祉』(共著) 大学図書出版　2010年
松井圭三編著『改訂新版よくわかる社会福祉論』(共著) 大学教育出版　2009年
担当章：第4章第1節・第2節・第4節

村田　恵子　(むらた　けいこ)

就実大学教育学部初等教育学科准教授
広島大学大学院教育学研究科教育学研究専攻博士課程後期単位取得退学
教育学(修士)
主著

水田和江・中野菜穂子編著『子ども家庭福祉の扉──子どもと家庭の未来を拓く』(共著)
学文社　2009年
担当章：第4章第3節

伊藤　秀樹　(いとう　ひでき)

東海学院大学健康福祉学部総合福祉学科教授
日本福祉大学大学院社会福祉学修士課程(福祉マネジメント)修了
社会福祉学修士
主著

『21世紀の援助技術演習分析論』大学図書出版　2005年
『社会福祉08予想出題法令文集』日総研出版　2008年
『介護福祉受験対策12年版　超かんたん短文合格正文集』日総研出版　2011年
担当章：第4章第5節・第6節

佐藤　真澄　(さとう　ますみ)

山口芸術短期大学保育学科准教授
日本福祉大学大学院社会福祉学研究科博士後期課程修了
博士(社会福祉学)
主著

平野隆之編『共生ケアの営みと支援　富山型「このゆびとーまれ」調査から』(共著)
CLC　2005年
平野隆之・榊原美樹編著『地域福祉プログラム──地方自治体による開発と推進』(共著)
ミネルヴァ書房　2009年
担当章：第5章

■ 編著者紹介

松井　圭三　（まつい　けいぞう）
　　中国短期大学保育学科・専攻科介護福祉専攻准教授
　　岡山大学医学部非常勤講師
　　就実大学教育学部非常勤講師
　　四国学院大学大学院文学研究科社会福祉学専攻修士課程修了
　　文学修士
　　主著
　　『改訂新版よくわかる社会福祉論』（編著）大学教育出版　2009 年
　　『21 世紀の社会福祉政策論文集』（単著）ふくろう出版　2009 年
　　『児童家庭福祉』（編著）大学教育出版　2010 年

家庭支援論

2012 年 7 月 30 日　初版第 1 刷発行

■編　著　者 ──── 松井圭三
■発　行　者 ──── 佐藤　守
■発　行　所 ──── 株式会社 大学教育出版
　　　　　　　　〒 700-0953　岡山市南区西市 855-4
　　　　　　　　電話（086）244-1268　FAX（086）246-0294
■印刷製本 ──── サンコー印刷 ㈱

© Keizo Matsui 2012, Printed in Japan
検印省略　　落丁・乱丁本はお取り替えいたします。
本書のコピー・スキャン・デジタル化等の無断複製は著作権法上での例外を除き禁じられています。本書を代行業者等の第三者に依頼してスキャンやデジタル化することは、たとえ個人や家庭内での利用でも著作権法違反です。

ISBN978-4-86429-125-5